A. Ludorff

Die Bau- und Kunstdenkmäler des Kreises Dortmund-Stadt

A. Ludorff

Die Bau- und Kunstdenkmäler des Kreises Dortmund-Stadt

ISBN/EAN: 9783743632400

Hergestellt in Europa, USA, Kanada, Australien, Japan

Cover: Foto ©Thomas Meinert / pixelio.de

Weitere Bücher finden Sie auf **www.hansebooks.com**

Die Bau- und Kunstdenkmäler von Westfalen.

Herausgegeben

vom

Provinzial-Verbande der Provinz Westfalen,

bearbeitet

von

A. Ludorff
Provinzial-Bauinspektor und Konservator.

Münster i. W.
Kommissions-Verlag und Druck von Ferdinand Schöningh, Verlagsbuchhandlung in Paderborn.
1894.

Die Bau- und Kunstdenkmäler des Kreises Dortmund-Stadt.

Im Auftrage des Provinzial-Verbandes der Provinz Westfalen

bearbeitet

von

A. Ludorff

Provinzial-Bauinspektor und Konservator.

Mit geschichtlicher Einleitung

von

Dr. E. Röse

Professor am Gymnasium zu Saargemünd.

Münster i. W.
Kommissions-Verlag und Druck von Ferdinand Schöningh, Verlagsbuchhandlung in Paderborn.
1894.

Vorwort.

Von welchen Gesichtspunkten ausgehend die Veröffentlichung der westfälischen Inventarisationsarbeiten erfolgt, ist in der Vorrede zu dem ersten von dem Provinzial-Verbande der Provinz Westfalen herausgegebenen, den Kreis Lüdinghausen behandelnden Inventar-Werke zur Genüge dargethan worden.

Ein Vorwort für die weiteren Fortsetzungen dieses Unternehmens dürfte sich daher mit einem kurzen Hinweise auf das bereits Gesagte im Allgemeinen wohl begnügen und im Besonderen auf nachstehende Mittheilungen beschränken können.

In den Kosten der Herstellung der Abbildungen sowie zur Herabminderung des Ankaufspreises hat die Stadt Dortmund einen Beitrag von 1500 Mark bewilligt.

Die Stelle der geschichtlichen Einleitung vertritt eine Geschichte der Stadt, bearbeitet von Herrn Dr. Eduard Röse, Professor am Gymnasium zu Saargemünd in Lothringen. Auch von der sonst üblichen Anordnung nach Gemeinden mußte innerhalb des Stadtkreises Abstand genommen werden. Es ist daher das Denkmälerverzeichniß nach öffentlichem und Privatbesitz geordnet worden, ersterer wiederum nach kirchlichem und profanem.

Die Herstellung der Lichtdruck- und Cliché-Tafeln verblieb bei denselben Anstalten wie bisher. Den Druck des Textes hat dagegen die Verlagsbuchhandlung von Ferdinand Schöningh in Paderborn übernommen.

Zum Zweck einer Vereinigung des vorliegenden Werkes mit einer oder beiden Veröffentlichungen der Bau- und Kunstdenkmäler der mit dem Stadtkreise früher verbundenen Kreise Dortmund-Land und Hörde werden die genannten drei Inventare unmittelbar auf einander folgen, sodaß die Möglichkeit gegeben ist, sämmtliche Bildtafeln als besonderen Illustrationsband von den ebenfalls in einem Bande zu vereinigenden Texten zu trennen. Für diesen Zweck werden von der genannten Verlagsbuchhandlung eigene Titel und Einbanddecken zur Verfügung gestellt.

Ein besonderer Hinweis auf die schon in der Vorrede zum Werke „Bau- und Kunstdenkmäler des Kreises Lüdinghausen" ausgesprochene Absicht, in den „Denkmälerverzeichnissen" zunächst keine kunstgeschichtlich abgeschlossenen Arbeiten zu liefern, dürfte hier nochmals am Platze sein.

Etwaige Ergänzungen des Stoffes sowie Berichtigungen von Fehlern und Mängeln, insbesondere von Lese- und Druckfehlern wichtigerer Art, werden dem Schlußbande beigefügt werden.

Münster i. W., Weihnachten 1894.

Ludorff.

Kreis Dortmund-Stadt.

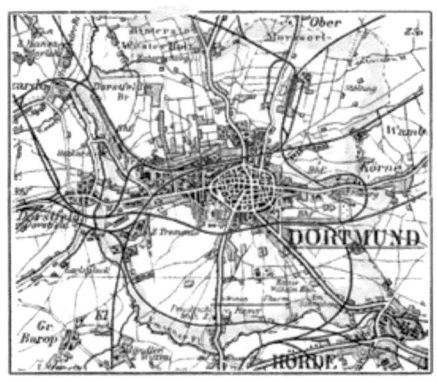

Maßstab 1 : 300000

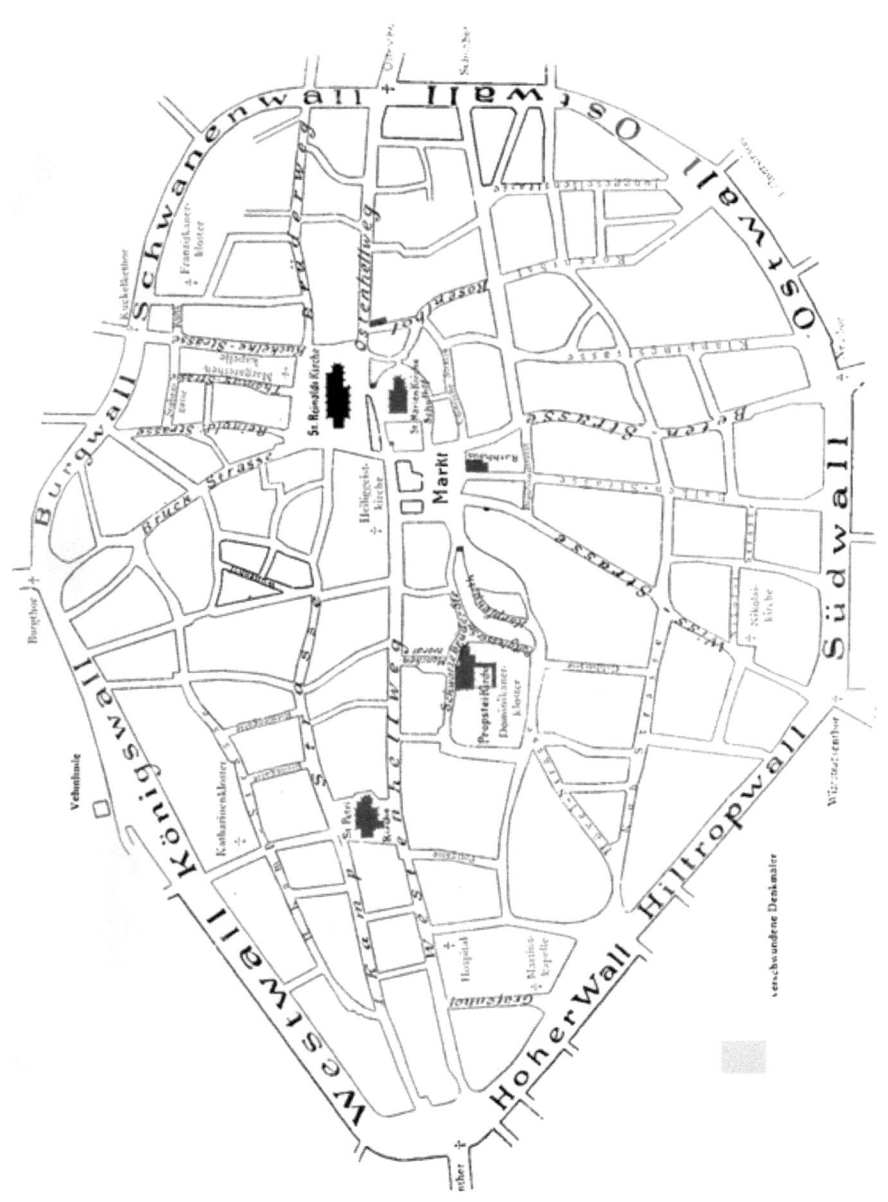

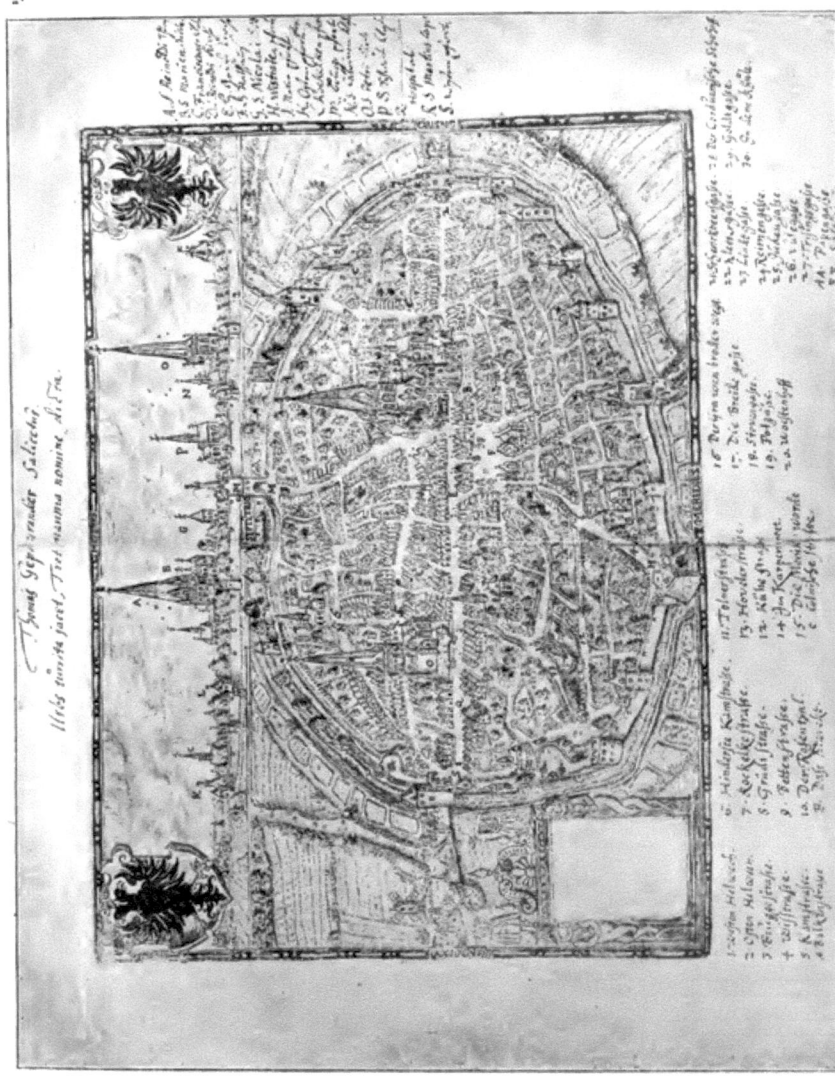

Dortmund im Jahre 1611.

Das vorstehende Stadtbild „Dortmund im Jahre 1611" wird mit der Mülher'schen Chronik anscheinend erwähnt von Mallinckrodt Magazin für Dortmund I, 1 (1796). Nr. 4. Grundriß gedruckt bei Fahne, Dortmund; das angebliche Original auf der Bibliothek zu Wolfenbüttel ist dort nicht aufzufinden. Der Grundriß ist nach Norden, die Seitenansicht darüber nach Süden orientirt; das Burgthor M ist beiden Plänen gemeinsam. Dementsprechend in der Umrandung die Himmelsgegenden: meridies, oriens, occidens, septentrio, letztere am Burgthor, ihr gegenüber oben wieder meridies. In den Ecken oben links der Reichsadler, rechts der Stadtadler.

Die Randbemerkungen rühren von einem Besitzer des Planes um die Mitte des 17. Jahrhunderts, Thomas Gephyrander Salicetus (Thomas Brügmann in Weitmar) her.

Oben: Urbs turrita jacet, Trotmannia nomine dicta.

Rechts: Oeffentliche Bauten, durch Buchstaben bezeichnet.

(† heute nicht mehr vorhanden.)

A. Reinoldithurm.
B. Marienkirche.
C. Franziskanerkloster. †
D. Reinoldikirche (darüber die Margaretenkapelle).
E. Heiligegeistkirche. †
F. Rathhaus.
G. Nicolaikirche. †
H. Wißstraßenthor. †
J. Neuthor. †
K. Ostenthor. †
L. Nuckelkethor. †
M. Burgthor. †
N. Katharinenkloster. †
O. Petrikirche.
P. Dominkanerkloster (jetzt Propsteikirche).
Q. Hospital (das sog. Neue Gasthaus). †
R. Martinskapelle. †
S. Westenthor. †

Unten: Straßennamen:

[ ] auf dem Plane durch Zahl nicht an-
gedeutet.
? nicht mehr nachweisbar oder auf dem
Plane ungenau bezeichnet.

1. Westenhellweg.
2. Ostenhellweg.
3. Brückstraße.
4. Wißstraße.
5. Erste Kampstraße.
[A. Balkenstraße.]
6. Zweite Kampstraße.
7. Nuckelke.
8. ? Brauhausstraße.¹
9. Betenstraße.
10. Rosenthal.
11. Markt.
11. Töllnerstraße.
12. Hövelstraße.
13. Kuhstraße.
14. Harpenpoth.
15. ? Mönchenwordt.
[C. Kölnische Straße.]
16. Brüderweg.
17. Breitegasse.
18. Stubengasse.
19. Pottgasse.
20. Wüstenhof.
[21. ? Schratbeersgasse.]
[22. ? Klippingstraße.²]
[23. ? Lindgasse.³]
24. Riemengasse.
[25. ? Judengasse.⁴]
[26. ? Faule Gasse⁵]
[27. ? Trifingsgasse.]
[AA. ? Papengasse.]
[BB. ? Salzgasse.]
28. ? Schuhhof.⁶
29. ? Goldgasse.
30. Kühl.

¹ Die Grültstraße ist eigentlich die nördliche Quergasse; die Zahl 8 entspricht der Balkenstraße. Doch schreibt auch Westhoff zu 1501: die Gruwestrate oder Balkenstrate.
² Diese östliche Parallelstraße der Betenstraße heißt noch heute im Volksmunde Klettergasse.
³ Angeblich die Gasse an der Innenseite des Linden- oder Westwalles; die heutige Lindenstraße lag außerhalb der Umwallung.
⁴ Vielleicht Junggesellenstraße, denn in deren Nähe befand sich der Judenthurm.
⁵ Angeblich die heutige Nicolaistraße in ihrem Theile zwischen Balkenstraße und Vaersgasse.
⁶ Die Zahl müßte weiter östlich bei der Bank am Markte stehen. Die Bezeichnung der Cordunaische Schohoff ist nur nach dem damals beliebten Cordnanischen Leder angewandt und in Wirklichkeit nie gebräuchlich gewesen.

Auf dem Markte zwei (?) Pranger. Vor dem Westenthore Steinkreuz, Windmühle und Hochgericht. Darüber oben vor dem Ostenthore Galgen vor Körne; näher der Stadt das Leprosenhaus (Funkenburg) und das Steinerne Kreuz.

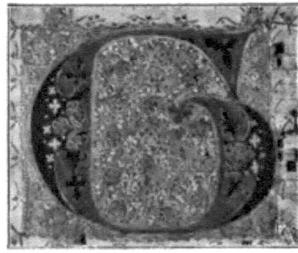eschichte der Stadt Dortmund.

In dem nachstehenden Abrisse der Geschichte der Stadt Dortmund ist die Geschichte der gleichnamigen Grafschaft nicht berücksichtigt, diese vielmehr sammt allem, was sich auf die Rechte der ehemaligen Grafen bezieht, dem Landkreise Dortmund, welcher die frühere Grafschaft umfasst, vorbehalten. Freigrafschaft und Vehme finden aus demselben Grunde dort ihre Besprechung.

Quellen der Dortmunder Geschichte. Die Hauptquellen der Dortmunder Geschichte und auch des folgenden Abrisses bilden das Dortmunder Urkundenbuch und die Stadtchroniken von Nederhoff, Johann Kerckhörde, Westhoff, Mülher und Beurhaus. Nach der "Geschichte der freireichsstadt Dortmund" von Thiersch 1835 und den Werken von fahne, insbesondere dessen "Grafschaft und freie Reichsstadt Dortmund" (Band 1—4, 1854—1859) hat seit der Mitte der siebziger Jahre die Dortmunder Geschichtsforschung durch die Gründung des "Historischen Vereins für Dortmund und die Grafschaft Mark" einen bedeutenden Aufschwung genommen. Der Stadt-Archivar Professor Dr. Rübel stellte, nachdem bereits Döring in seinem "J. Lambach und das Archigymnasium zu Dortmund 1875" einen Ueberblick der vorhandenen Chroniken gegeben, 1875 im Ersten Hefte der "Beiträge" des Vereins (Dortmund, Köppen) den Bestand an älteren Geschichtsquellen zusammen, beurtheilte ihren Werth und zog die Grundlinien zu einer künftigen wissenschaftlich genügenden Geschichte der Stadt. Von den "Beiträgen" erschienen bisher Band I—V (1875—1887); hiervon enthält Band IV die Mette'sche Bearbeitung der grossen fehde, die übrigen meist Aufsätze von Rübel. Derselbe ordnete das Archiv bis 1500 abwärts, gab aus dessen Beständen das Urkundenbuch (Band I, 1881, 1883, Band II, 1 zusammen mit Roese 1890, Band II Abtheilung 2, 1894) bis zum Jahre 1400 heraus und bearbeitete in einem besonderen Werke das ältere Dortmunder Finanzwesen. (Rübel, Dortmunder Finanz- und Steuerwesen. Band I, Das vierzehnte Jahrhundert. 1892.) Nach seinen Vorschlägen erfolgte allmählich die Herausgabe der Chroniken: Nederhoff durch Roese 1880, "Jo. Kerckhörde" durch Franck und Hansen, Westhoff durch Hansen (die beiden letzten in Band 20 der "Chroniken der deutschen Städte", 1887). Hansen, der in seinem Aufsatze über die "Kritik der Reinoldsage" (Forschungen zur Deutschen Geschichte 24, 105—121) und in seiner

---

[1] G aus einem Chorbuch der Propsteikirche (siehe unten.)

Ludorff, Bau- und Kunstdenkmäler von Westfalen, Kreis Dortmund-Stadt.

seiner „Chronik der Pfandoberherren der Benediktskapelle" (Neues Archiv II, 430—550) gründliche Einzelforschungen veröffentlichte, ließ seiner Weßhoff-Ausgabe außer einer „Einleitung" eine vortreffliche „Uebersicht über die Dortmunder Geschichtsschreibung bis zur Mitte des 16. Jahrhunderts" vorausgehen; in derselben ist alles Wissenswerthe über dieses Gebiet zu finden. Inzwischen hatte Frensdorff 1882 als Band III der Hansischen Geschichtsquellen in seinen „Dortmunder Statuten und Urtheilen" die älteren rechtsgeschichtlichen Texte herausgegeben und in einer Einleitung die innere und äußere Geschichte der Stadt bis 1300 gründlich beleuchtet. Auf ihn und den Hansischen Weßhoff ist denn im Folgenden vielfach zurückgegangen. Weßhoff endet 1551. Nach dieser Zeit kamen (als noch nicht genau geprüfte) Quellen namentlich in Betracht Detmar Mülher bis 1610 beziehungsweise 1616 (theilweise gedruckt bei Fahne, Dortmund I.) und Beurhaus für das 17. und 18. Jahrhundert (im Auszuge bei Fahne IV), sowie Niederhoff bis 1651 (ebendaselbst). Ueber Detmar Mülher und Beurhaus und ihre Werke vergleiche Döring, Programm des Dortmunder Gymnasiums 1872, Seite 6—8; Rübel, Beiträge zur Geschichte Dortmunds und der Grafschaft Mark I, Seite 72, und am übersichtlichsten Hansen, Uebersicht und so weiter Seite XXXIII und XXXIV. Ueber die Mallinckrodt'schen Werke vergleiche Fahne a. a. O. I Seite 233 Anmerkung. Ueber die Werke von Thiersch, Mooren, Krömeke und Fahne: Rübel, Beiträge zur Geschichte Dortmunds und der Grafschaft Mark. I, 14—29. — Die Dortmunder Geschichtsquellen im Staatsarchiv zu Münster [54 Urkunden, meist Abschriften, und Mscc. II 83 und 90, III 21 und VII 203, außerdem die Urkunden des Katharinenklosters (554) und des Minoritenklosters (101 und Msc. VII 6408)] und zu Düsseldorf sind nur, soweit gedruckt, verwerthet. Eine reichhaltige Sammlung von Dortmunder Einzelschriften, Dissertationen, enthält die Bibliothek des Herrn W. Grevel zu Düsseldorf, eine kleinere (älteste Drucke) die Gymnasialbibliothek, einiges die Bibliothek des historischen Vereins zu Dortmund. Material zur Kirchenbaugeschichte in den Pfarr-Archiven, besonders dem der katholischen Propsteikirche (Dominikaner) und dem der Petri-Nicolai-Kirche.

[1] Siegel der Stadt, im Staats-Archiv Münster, Urkunde 848, von 1374. Umschrift: Sigillum Tremonie civitatis Westfalie. (Vergleiche: Westfälische Siegel, II. Heft, 2. Abtheilung, Tafel 15 Nr. 3.)

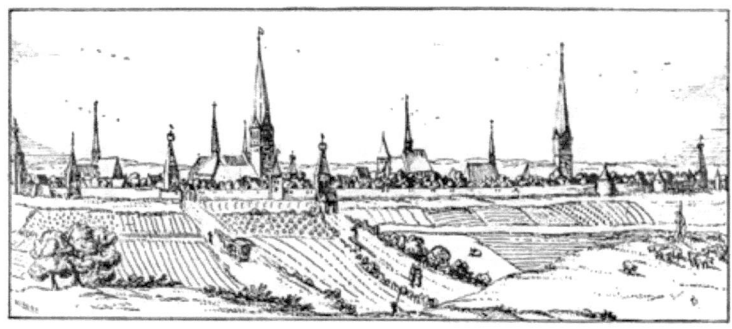

Dus stat is vry, dem ryke holt;
Verkoept des nicht umb alles golt.²

Von den beiden Hellwegen der Länge nach, von der Brückstraße und Betenstraße der Breite nach durchschnitten, liegt Altdortmund wie ein großes Ei, dessen Spitze nach Westen gerichtet ist zwischen den jetzt in breite Promenaden verwandelten Wällen. Die Namen Osten- und Westenthor, Neu- und Burgthor bezeichnen die Mündungen der von Unna-Soest, vom Rheine, von Hörde und vom Münsterlande kommenden Wege. Die älteste Geschichte von Dortmund hat zwei Ausgangspunkte: die jetzt verschwundene Burg mit dem Königshofe im Norden und sodann die ebenfalls verschwundene Martinskapelle mit dem Grafenhofe im Südwesten der Stadt. Die Erinnerung an diese zwei verschiedenen Mittelpunkte scheint der Sage von den zwei Dörfern, dem Alten und dem Neuen Dorfe, zu Grunde zu liegen, von denen die Dortmunder Chronisten³ fabeln.

„Die Römer", so heißt es, „welche vom Rhein aus Westfalen eroberten, fanden hartnäckige Gegner in der Besatzung der Burg Munda, welch letztere zwischen zwei Dörfern, dem Alten bei der späteren Martinskapelle und dem Neuen Dorfe, gelegen war. Nach ihrem Schlachtrufe Trot, Trot, womit sie dem Feinde Trotz boten, erhielten sie von den Vertheidigern der Burg den Namen Trotmanni und behielten denselben auch später als Herren der endlich eroberten Burg bei. Die Burg selber aber wurde dann nach ihnen Trotmannia genannt, die beiden Dörfer sammt der Burg wurden von den Römern zu einer Stadt vereinigt."

In dieser Sage verknüpfen sich dunkle Erinnerungen an eine in heidnisch-germanische, vielleicht auch römische Zeit reichende Vorgeschichte der Martinskapelle und an eine früh verschwundene Burg mit dem kindlichen Versuche, den Namen Trotmanni, die älteste Namensform, welche man für Dortmund auffinden mochte, zu erklären. Die Anwesenheit der Römer in der Gegend von Dortmund ist

---

[1] Ansicht der Stadt von 1660.
[2] Inschrift über dem ehemaligen Ostenthore.
[3] Hansen, Pseudoreklosen Seite 514. Nederhoff Seite 11. Westhoff Seite 177.

unzweifelhaft. Römische Schalen aus terra sigillata sind zu Marten¹ und bei der Martinskapelle² gefunden; die näheren Beziehungen zur römischen Zeit sind jedoch unaufgehellt.

Vielleicht stand an Stelle der Martinskapelle einst ein germanisches Wodanheiligthum, und Wodan, der Mantelträger, ward durch Martin, den Heiligen mit dem Mantel, ersetzt. Die heutige Hügelstraße „Auf dem Berge", im Mittelalter „Up der Borch" genannt, am Burgthore, bezeichnet den alten Burghügel.³

Der Name Dortmund ist immer noch unerklärt. Die gangbarsten Namensformen im 10. und 11. Jahrhundert sind Thertmanni, Throtmanni und Trutmanni oder Trutmenni, lateinisch Throtmannia und Trutmannia. Erst Friedrich Rothbart gebrauchte 1152 die geglättete lateinische Form Tremonia, welche seitdem üblich ward. Die deutsche Form Dorpmunde, welche im 15. und 16. Jahrhundert vorkommt, ist in Anlehnung an das „Dorf Munda" volksetymologisch aus Dortmunde entstellt. Die Ableitung von „Trotzmannen" in der mitgetheilten Sage ist sprachlich so wenig haltbar wie die der Form Tremonia von den drei Mauern (tria moenia), die man im Stadtsiegel zu erkennen glaubte, oder die Nederhoff'sche von drei heidnischen Gottheiten (tria daemonia) oder gar von der Dreieinigkeit. Während der erste Bestandtheil des Wortes Thert—manni oder Trut—menni noch gar nicht aufgehellt ist, hat man bezüglich des zweiten richtig auf Dulmenni und Holtismenni, die alten Formen für Dülmen und Holzminden, verwiesen. Auch Menden, Minden, Mettmann und ähnliche Namen scheinen verwandt zu sein.⁴ Jakob Grimms Erklärung,⁵ wonach Dortmund Halsschmuck bedeutete und eine germanisch mythologische Erinnerung an das sagenberühmte Halsgeschmeide der Göttin Freia wäre, ist ebenso wie seine Deutung des Namens Hellweg verfehlt. So schwungvoll dichterisch die Germanen ihre Personennamen gaben, so nüchtern unsymbolisch verfuhren sie bei der Benennung von Oertlichkeiten.

Wiewohl die Bewohner der freien Reichsstadt Dortmund Karl den Großen für den Gründer ihrer Stadt hielten⁶ und ein Standbild von ihm an einem Thurme des Westenthores, vor dem Rathhausgiebel und in der Reinoldikirche anbrachten, so ist diese Sage doch zweifellos falsch. Auch daß Ludwig der Deutsche die Benediktskapelle vor dem Ostenthore gegründet habe, läßt sich nicht erweisen.

Aus dem Nebel der Vergangenheit taucht vielmehr Dortmund am 14. Mai des Jahres 899,⁷ wo in Trutmanni vor dem Probst Adalbert von St. Gereon in Cöln und allem Volke die Söhne einer Wittwe Wieburg Schenkungen bestätigen, welche ihre Mutter dem Gereonsstifte gemacht hat. Daß Dortmund schon damals mehr als ein einfaches Dorf gewesen ist, läßt sich aus dem Umstande schließen, daß um 900 in einem Heberegister der Abtei Werden Dorstfeld (Dorstidvelde) ein Dorf genannt, Dortmund (Throtmanni) aber gleichzeitig ohne diesen Zusatz aufgeführt wird. Gewiß war schon damals ein Königshof mit einer schirmenden Burg am Orte. Für das zehnte Jahrhundert ist dies sicher. Denn in den nächstfolgenden Jahrhunderten knüpfen sich fast alle Nachrichten über

---

¹ Eine solche, aus dem Besitz des Herrn Barich zu Marten, befindet sich im Städtischen Museum zu Dortmund.
² Fahne, Herren v. Hövel Seite 36, mit Plan und Abbildung.
³ Genaueres in der geschichtlichen Einleitung zum Landkreise Dortmund.
⁴ Vergleiche Prümers, Zusammenstellung der ältesten sicheren Nachrichten über die Stadt Dortmund, Beiträge I, 82. Anders Schulze, Vokalismus der westfälisch-märkischen Mundart, Beiträge II, 68.
⁵ Grimm, Geschichte der deutschen Sprache Seite 455. Vergleiche Frensdorff Seite VIII, Anmerkung 2.
⁶ Näheres in der geschichtlichen Einleitung zum Landkreise Dortmund.
⁷ Dortmunder Urkundenbuch I, Urkunde 1. Das Jahr ist nicht sicher; vielleicht ist 898 und 897 anzunehmen; vergleiche dasselbe II, Seite 393.

Dortmund an die Namen der deutschen Könige, welche ihre Burg und ihren Hof in Dortmund besuchten. Von Heinrich dem Ersten, dem Sachsen, an bis auf Heinrich VII., den Hohenstaufen, haben wenige der deutschen Könige Dortmund nicht besucht. Hier weilte Heinrich I. 928 mit seiner Gemahlin Mathilde, hier Otto I. 941 und 947, hier feierte derselbe 935 das Osterfest und bestätigte hier auf dem Königshofe 960 dem Bischofe von Osnabrück den Zehnten und die Immunität. Schon 939 war Dortmund ein befestigter Ort: als König Otto in diesem Jahre mit Heeresmacht seinen abtrünnigen jüngeren Bruder Heinrich durch Niedersachsen verfolgte, verließ die Besatzung von Dortmund, die auf Heinrichs Seite und unter dem Befehle eines (Grafen) Agina stand, die feste „Stadt" und ergab sich dem herannahenden Könige. Otto II. weilte 973 und 978 in Dortmund, feierte daselbst 979 das Osterfest und hielt dabei eine größere Versammlung ab. Sein Sohn und Nachfolger Otto III., der am 8. Dezember 986 mit seiner Mutter Theophano in Dortmund anwesend war, hielt 995 einen Reichstag dort ab und kehrte 997 wieder dahin zurück. Ja, er verlieh — ein Zeichen, daß Dortmund damals schon eine in ihrer Art bedeutende Handelsstadt war — 990 dem Orte Gandersheim die Markt-, Münz- und Zollgerechtigkeit mit demselben Gerichte, wie solchem die Käufer zu Dortmund unterstellt waren. Im Jahre 1000 nennt er sogar in einem ähnlichen Erlasse Dortmund mit Mainz und Cöln als Handelsstadt unmittelbar zusammen. Dortmund war also damals schon eine königliche Münz- und Zollstation.

Otto III. ist der erste deutsche Kaiser, dessen Name auf Dortmunder Münzen vorkommt; auf der Rückseite steht der Name der Stadt, Thertmanni. Seit Otto III. haben fast alle deutschen Kaiser, selbst die des Interregnums, Wilhelm von Holland und Richard von Cornwallis, in Dortmund prägen lassen. 1760 erlischt die Münzthätigkeit der Stadt.[1]

1003 hielt König Heinrich II. zu Dortmund eine große Synode ab, zu der drei Erzbischöfe und zwölf Bischöfe aus Sachsenland und aus der Umgegend zusammengetreten waren. Derselbe war wieder 1016 mit seiner Gemahlin Kunigunde anwesend und saß hier zu Gericht über die Mutter des Bischofs Meinwerk von Paderborn. Auch Konrad II. zog 1024, wie er vom Königsritt durch Lothringen heimkehrte, mit seiner Gattin Gisela in Dortmund ein, von den westlichen Bischöfen und Reichsfürsten festlich empfangen. Konrads Nachfolger Heinrich III. und IV. haben ebenfalls sich mehrfach in Dortmund aufgehalten. Recht und Ordnung des Reiches ist in dieser Zeit vom Dortmunder Königshofe aus durch mehr als einen königlichen Spruch für geistliche und weltliche Herren gefügt und gehandhabt worden. Unter Heinrich V. ereilte denn nun auch die Rache aufständischer Vasallen dieses feste Bollwerk königlicher Macht: der Erzbischof von Cöln und die Grafen von Arnsberg überfielen 1115 mit ihren Verbündeten die Burg Dortmund und ließen sie in Flammen aufgehen. Allein der Kaiser befestigte den Ort aufs neue und legte eine Besatzung hinein.

Der Stellvertreter des Königs in Dortmund war ursprünglich allein der Graf. Erst allmählich gingen alle dessen Rechte, Gericht, Freigrafschaft, Münze und Zoll, durch Kauf in die Hände der Stadt über, die sich aus einem Marktplatze unter dem Schutze des Königshofes entwickelte.

Unter den Hohenstaufen tritt die wachsende Bedeutung der Stadt deutlich hervor. König Konrad III. verlieh Dortmund, soweit sich nachweisen läßt, die ersten städtischen Privilegien. Dieselben

---

[1] Döring, Ueber die Dortmunder Kaisermünzen bis zum Jahre 1419. Beiträge I, 127. Reichhaltige Sammlung städtischer Münzen im Dortmunder Museum. Die meisten Dortmunder Münzen beschreibt der illustrirte Katalog von Adolf Meyer, Die Münzen der Stadt Dortmund. Derselbe, Nachtrag hierzu.

benannte Friedrich Barbarossa. Er hielt auch gleich nach seiner Krönung 1152 auf seiner „Burg Dortmund" eine Hofgerichtssitzung ab und kehrte 1154 nach Dortmund zurück.

Zur Zeit Heinrichs VI. entstand zu Dortmund nahe der königlichen Burg das erste Kloster. 1197 schenkte der Kaiser ein Grundstück mit Namen Königskamp, welches an den Königshof grenzte, einem daselbst zu erbauenden Kloster. An jenen Königskamp erinnern noch heute die Namen Erste und Zweite (oder, wie es bis auf die neueste Zeit hieß, Vorderste und Hinterste) Kampstraße; an das Kloster selber die Namen Katharinenstraße und die neuerdings auf der Stelle desselben erbaute Klosterbrauerei. Das anscheinend von der Abtei Knechtsteden bei Neuß ausgegangene Katharinenkloster, in welchem sich Nonnen nach der Regel von St. Augustinus niederließen, entfaltete sich unter dem Schutze der nächsten Könige und der Erzbischöfe von Cöln rasch zu hoher Blüthe. Reiche Gaben und Stiftungen der Umwohner vergrößerten das Klostergut.

Von der wachsenden Ausdehnung der Stadt im 13. Jahrhundert legt auch die Zahl der damals schon vorhandenen Pfarrkirchen Zeugniß ab. Neben der uralten gräflichen Martinskapelle werden drei Pfarrkirchen fast gleichzeitig genannt: die Reinoldikirche urkundlich zuerst 1258, die Nicolaikirche 1241 und die Marienkirche 1267. Doch erfolgte die Gründung der Nicolaikirche schon 1198, und der heutige Bau von St. Marien gehört nach Lübke ebenfalls schon der zweiten Hälfte des 12. Jahrhunderts an. Als Mutterkirche aber wurde die nach dem Schutzheiligen der Stadt benannte Reinoldikirche angesehen. Der älteste Bau derselben mag also sehr wohl in's elfte Jahrhundert hinaufreichen.

Die Reinoldsage.[1] Reinoldus, der Sohn des fränkischen Fürsten Haimon von Dordogne und Schwestersohn Karls des Großen, der tapferste unter den vier Haimonskindern, zog sich nach ruhmreichen Thaten in ein Kloster zu Cöln zurück und wirkte durch die Kraft seines Glaubens viele wunderbare Heilungen. Beim Bau eines neuen Klostergebäudes zum Aufseher und Vorsteher der Steinmetzen eingesetzt, wurde er von diesen aus Haß wegen seiner Frömmigkeit erschlagen und in einen Teich am Rheine versenkt. Durch himmlische Fügung wieder entdeckt, wirkte er noch im Tode Wunder: alle Glocken in Cöln läuteten bei seiner Auffindung von selbst, Kranke wurden gesund, und ein Todter ward lebendig. Als die zum Christenthum bekehrten Dortmunder nun vom Bischofe zu Cöln einen Heiligen begehrten, that St. Reinolds Leichnam sich durch neue Wunder als der rechte kund. Der Wagen, worauf man ihn geladen, fuhr von selbst bis Dortmund. Man baute ihm dort eine große Kirche, und fortan wurde Sanct Reinoldus der Patron der Stadt.

Reinolds Haupt, von drei Sternen umgeben, schmückt schon unter Rudolph von Habsburg die Münzen der Stadt, dann im 13. Jahrhundert die nach ihm benannten Reinoldigroschen.[2] Sein großes Holzstandbild aus gothischer Zeit mit Schwert und Löwenschild ziert noch jetzt den Chor seiner Kirche. Auch auf der großen Reinoldusglocke von 1475 erscheint er in ähnlicher Gestalt.

Von der Reinoldikirche wurden wegen der Zunahme der Bevölkerung im 13. Jahrhundert, angeblich unter Erzbischof Heinrich von Cöln (1225—1258), die Marien- und die Nicolaikirche abgezweigt, im 14. Jahrhundert dann die Petrikirche. In kirchlicher Beziehung unterstand Dortmund dem Erzbischofe von Cöln. Daß aber wirklich, wie dies zuerst der Decan von Mariagraden in Cöln 1262 behauptete, vor der Reinoldikirche in Dortmund ein Pantaleonsstift vorhanden war und dieses unter Erzbischof Anno 1075 nach Cöln übertragen wurde, läßt sich nicht beweisen.[3]

---

[1] Vergleiche Floß in Band XXX der Annalen für die Geschichte des Niederrheins Seite 181 ff. Kritische Beleuchtung der Sage durch Hansen im Eingange angeführte Monographie.
[2] Zahlreiche Originale im Dortmunder städtischen Museum.
[3] Rübel, Beiträge II III. Seite 292 ff. Hansen, Reinoldisage, Seite 10 ff.

Wie weit der Ruf Dortmunds schon während des zwölften Jahrhunderts gedrungen war, geht aus dem Umstande hervor, daß in dem französischen Heldenliede chanson des Saxons die Stadt Tremoigne und in der norwegischen Karlamagnussaga Trimoniaborg als Hauptstadt Wittekinds genannt wird.[1]

Im Jahre 1220 verlieh König Friedrich II. der Stadt Dortmund „in Anbetracht ihrer Treue und Anhänglichkeit" auf ihren Antrag die Rechte einer freien Reichsstadt und bestätigte ihr alle von seinen Vorgängern Konrad III. und Friedrich I. verliehenen Privilegien.[2]

Die Stadt Dortmund hatte danach nur den Kaiser als ihren Herrn anzuerkennen, nur ihm oder seinem Stellvertreter Rede zu stehen." Alle Bürger waren persönlich frei, und selbst ein unfreier Mann konnte, solange er sich in der Stadt aufhielt, von auswärtigen Herren nicht angetastet werden. Heeresfolge wurde nur dem Kaiser geleistet, nur auf sein Gebot brauchte fremdes Kriegsvolk in die Stadtmauern aufgenommen zu werden.

Die Bürgerschaft zerfiel, entsprechend ihrer Entstehung aus ländlichen Verhältnissen, in drei Bauerschaften, die Burg-, Wester- und Oster-Bauerschaft, von denen die erste im Nordwesten der Stadt offenbar nach der ehemaligen Burg Dortmund benannt war.[3]

Innerhalb dieser Bauerschaften ruhte die Masse des Großgrundbesitzes, welcher an einer Anzahl von Höfen hing, in den Händen einer entsprechenden Zahl von Patricierfamilien, der Erbsassen. Die ältesten dieser Familien, die Reichsleute oder Reichsherren, waren ursprünglich die Besitzer der alten Reichshöfe, der Theile des alten Königsgutes in Dortmund. Vielleicht überließen sie später den Ueberfluß an Land anderen Einwohnern, meist wohl Verwandten, zur Urbarmachung, dann auch zum erblichen, theilbaren Eigenthume und bewirkten so eine erhebliche Vermehrung der Grundeigenthümer. Bei dem großen Aufschwunge des Dortmunder Handels waren offenbar die vermögenden Erbsassen hervorragend betheiligt, und als so aus den Grundbesitzern zugleich Kaufleute geworden waren, schlossen diese sich — wann, ist nicht mehr nachzuweisen — zu einer festen kaufmännischen Vereinigung, der Reinoldsgilde, zusammen. Nach dem Hauptzweige ihres Handels, dem Tuch- oder Gewandhandel, wurden sie später auch die Wandschneider genannt.

Aus diesen alteingesessenen Gutsbesitzern und Großkaufleuten setzte sich nun ursprünglich die Regierung der Stadtgemeinde, der Rath, ausschließlich zusammen. Der Rath bestand aus achtzehn Mitgliedern, den Rathmannen oder Rathsherren, consules. 1240 werden solche zum ersten Male urkundlich genannt;[4] in dem um 1400 angelegten Rathsbuche findet sich die Rathslinie bis 1230 hinauf nachgetragen. Von bekannteren Familien saßen schon 1250 im Rathe die Swarte (lateinisch Niger), Beye, Wistrate, Kaiser, Sudermann und Wickede. Die Zahl von 18 Rathsherren wurde durch König Ludwig 1332 ausdrücklich festgesetzt und blieb bis zum Verluste der Selbständigkeit der Stadt im Jahre 1803 bestehen. Anfangs ergänzte der aristokratische Rath sich selbst. Frühzeitig aber regte sich gegen die ausschließliche Herrschaft einer städtischen Aristokratie der unabhängige Bürgersinn. Schon 1260 sah sich der Rath genöthigt, den Handwerkern das Zugeständniß zu machen, daß ein

---

[1] Frensdorff, a. a. O., Einleitung Seite XVIII.
[2] Die Erneuerung jener durch Brand vernichteten Urkunde, vom Mai 1236, mit goldener Bulle, wird im städtischen Archiv zu Dortmund aufbewahrt. Gedruckt Dortmunder Urkundenbuch I, 74.
[3] Frensdorff, Seite LI, Anmerkung 3 sucht eine andere Deutung. Seine Citate beweisen nur, daß urbs = borch war, was ja auch aus dem Sprachgebrauche von borger, burgensis im Sinne von Städter hervorgeht.
[4] Dortmunder Urkundenbuch I, 78.

Collegium von 18 durch die Handwerkergilden jährlich neu zu wählenden Wahlmännern über die gerechte und unpartheiliche Ergänzung des Rathes wachen durfte. Schon damals begann also in Dortmund der große Bürgerständekampf. An der Spitze des Rathes standen immer zwei Bürgermeister, lateinisch magistri civium oder proconsules. Außer diesen nahmen noch die beiden Rittmeister als Führer des Stadtheeres und die beiden Kämmerer als Finanzbeamte eine hervorragende Stellung im Rathe ein. Diese sechs hießen später zusammen die Rathsoberen oder Superioren.

Die Wahl des Rathes fand jährlich am 21. Februar, dem Tage vor Petri Stuhlfeier, um 9 Uhr Abends mit einer der Wichtigkeit der Sache entsprechenden Förmlichkeit statt.[1] Die Sitzungen fanden auf dem Rathhause am Markte statt.

Das ehrwürdige, einst vielfach geschmückte Rathhaus,[2] ist der älteste erhaltene Profanbau der Stadt, das älteste Rathhaus Westfalens und eines der ältesten Deutschlands. Da ein großer nächtlicher Brand in oder kurz vor dem Jahre 1232 alle Urkunden der Stadt vernichtete, so läßt sich vermuthen, daß damals ein älteres, hölzernes Rathhaus, in welchem diese Urkunden aufbewahrt wurden, in Flammen aufging und der neue steinerne Bau an dessen Stelle trat.

Wie das Rathhaus, so lag auch die ordentliche Gerichtsstätte, die „Halle", im Mittelpunkte der Stadt am Marktplatze.[3] Der ordentliche Richter, ursprünglich vom Grafen, dann von Stadt und Grafen gemeinsam und seit 1504 von der Stadt allein eingesetzt, mußte ein erbansässiger, unbescholtener Dortmunder Bürger sein, weder des Grafen noch eines andern Herrn Dienstmann. Vielfach besetzten gewesene Rathmannen den Richterstuhl. Auf dem Gäddeken, dem erhöhten Platze unter dem Rathhausbogen, leistete der Richter seinen Amtseid. Der Amtsantritt erfolgte auf Mathias, am 24. Februar. Alle vierzehn Tage fanden in der Halle die „gebotenen Dinge", die regelmäßigen Gerichtstermine statt. Die Schöffen, aus den Rathmannen gewählt, waren die Urtheilsfinder, der Richter nur Vorsitzender, Urtheilsfrager. Dem Spruche des Gerichtes waren unterworfen alle Verbrechen, die da gingen an „Leib oder Eid", und alle Fragen über „Eigen oder Erbe".[4] Verträge über unbewegliches Gut und Auflassungen von solchem nahmen die Rathmannen vor.

Die Ansprüche des Dortmunder Rathes gingen jedoch weit höher hinaus: er verlangte, daß Dortmund als Oberhof sämmtlicher westfälischen Reichshöfe, als einzige Reichsstadt in Westfalen, in allen zweifelhaften Rechtsfragen von den Städten des Landes zwischen Rhein und Weser (des Landes Westfalen im alten Sinne) um Entscheidung angegangen werde. Thatsächlich hat das Rechtsurtheil keiner westfälischen Stadt so hohen Ruf im Mittelalter besessen, wie das von Dortmund, wenngleich andere westfälische Oberhöfe eine ähnliche Anziehung ausgeübt haben. Selbst Essen und Dinslaken mußten der Ladung der Dortmunder Frohnen Folge leisten. Außerhalb[5] des heutigen Kreises Hörde und des Landkreises Dortmund haben Höxter und Paderborn, Herford und Minden, Lüdenscheid, Wesel und Dorsten das vom Dortmunder Rathe gesprochene Recht als bindend für sich anerkannt. Osnabrück hat von Dortmund Rechtsbelehrung erbeten. Die meisten Bitten dieser Art stammten aus derselben Zeit, in welcher auch die Vehme blühte, nämlich aus dem 14. und 15. Jahrhundert. Mit

---

[1] Eine genauere Schilderung, auf die letzten Jahrhunderte bezüglich, bei Thiersch, Geschichte der Freireichsstadt Dortmund, Beilage zu § 2, 1.
[2] Lübke, mittelalterliche Kunst in Westfalen Seite 311.
[3] Das Gerichtswesen genauer bei Frensdorff, Seite LXI ff.
[4] Frensdorff, Seite LXV und LXVI.
[5] Frensdorff, Seite 255 ff.

der Einsetzung des Reichskammergerichtes und der Neugestaltung der Territorialgewalt erlosch auch dieser alte Rechtszug, die „Fahrt" der Städte zu ihrem „Haupte". Aber noch 1500 versuchte Paderborn, anstatt an den Fürstbischof oder das Reichskammergericht, an Dortmund zu appelliren, und 1377 mußte der Erzbischof von Cöln einem ähnlichen „Mißbrauch" der Stadt Dorsten wehren. Uebrigens gab der Rath grundsätzlich nur für ein gescholtenes, d. h. gesprochenes und nicht anerkanntes Urtheil seine Weisung und seinen Spruch. Auch von dem ordentlichen Richter der Stadt Dortmund selber ging die Berufung an den Rath, und so vereinigte sich in den Händen des letzteren die oberste Verwaltung und höchste Rechtssprechung der Stadt.

Die Organe des gewerbtreibenden mittleren Bürgerstandes waren die sechs Handwerkergilden, der Reihenfolge nach: die St. Johannisgilde (bestehend aus den beiden Abtheilungen der Lohgerber und Schuhmacher), die Gilde der Bäcker, der Fleischer, Schmiede, Butterleute und Krämer. An der Spitze jeder Gilde standen zwei Richtleute. Diese wählten mit Hülfe des abgehenden Aeltesten jährlich die beiden Gilden Aeltesten, welche ihre Gilde bei der Rathswahl vertraten, und aus den gesammten zwölf Gilden Obersten die sogenannten Dreimannen, welche als „Vorgänger" der Gilden deren Vertretung nach außen und innen auf ein Jahr übernahmen. Der erste dieser drei war der sogenannte Degedingsmann oder Gildenwortshalter, die beiden andern dessen Beistände. Ein besonderer Wortshalter, jährlich aus Lohgerbern und Schuhmachern abwechselnd erwählt, übernahm die Wortführung bei der Beaufsichtigung der Rathswahl durch die zwölf Aeltesten. Die gemeinsamen Gildenversammlungen fanden, wenn sie nicht auf das Rathhaus berufen wurden, auf dem Lohhause statt. Der Rath schützte die Gilden in ihren Rechten und hielt ihre Befugnisse gegen die einzelnen Mitglieder in Schranken.

In diesen Hauptzügen war die Verfassung und Gliederung der Stadt schon um die Mitte des 13. Jahrhunderts abgeschlossen.

Um 1230 bedrohte zum ersten Male ein auswärtiger Feind die Stadt. Der kriegerische Graf Engelbert I. von der Mark zog gegen Dortmund und belagerte es, allein er vermochte die neu befestigte Stadt¹ nicht einzunehmen. Jede zuverlässige Nachricht über Einzelheiten dieser Unternehmung fehlt.²

Dem Aufblühen der Stadt vermochte auch ein zweiter großer Brand, im Jahre 1244, nicht Einhalt zu thun.

Während des Interregnums huldigte Dortmund (1248) auf den Rath des Erzbischofs Konrad von Cöln dem Gegenkönige Friedrichs des Zweiten, Wilhelm von Holland. Der geldarme König verpfändete zwar zum Danke sofort seinem Förderer, dem Erzbischofe, Dortmund sammt den anliegenden königlichen Höfen für 1200 Mark, allein auch die Stadt wurde, offenbar zur Beruhigung, am selben Tage mit einem werthvollen königlichen Erlasse bedacht: sie erhielt für ihre Handelszüge dieselbe Vergünstigung wie Lübeck, nämlich in Holland und Seeland nur die hundertste Mark Zoll bezahlen zu müssen.

Im 13. und 14. Jahrhundert erscheint Dortmund als ein bedeutsames Mitglied der Hanse, jener großen Vereinigung der deutschen Handelsstädte zum Schutze ihrer kaufmännischen Beziehungen besonders im Auslande. Nach der damaligen Eintheilung der Hanse in drei Bezirke zählte Dortmund zum Westfälisch-Holländischen Drittel, welchem außerdem Cöln (als Vorort), Soest und Münster, Osnabrück und Lippstadt, Minden, Paderborn, Lemgo, Herford und Höxter, sowie von den Niederlanden

---

¹ Die Umwallung muß damals vollendet gewesen sein.
² Hansen zu Westhoff, Seite 189.

Ludorff, Bau- und Kunstdenkmäler von Westfalen, Kreis Dortmund-Stadt.

alle Städte angehörten, welche deutsche Hoheit anerkannten. Die Hauptplätze des Dortmunder Handels waren in Flandern und England. 1252 gewährte Gräfin Margaretha von Flandern und Hennegau den deutschen Kaufleuten und insbesondere denen von Cöln, Dortmund, Soest und Münster freien Handel und Aufenthalt in ihren Landen, ermäßigten festen Zoll und Befreiung von Arrest, gerichtlichem Zweikampf und Strandrecht. Gegen Ende des dreizehnten Jahrhunderts steigerte sich anscheinend besonders der Verkehr nach England. Um diese Zeit verwandten sich gar deutsche Könige für ihre Dortmunder im Auslande. Als 1293 in Newcastle Dortmunder Kaufleute ihrer Waaren und Schiffe beraubt und selber gefangen gelegt waren, weil sie gegen des Königs von England Befehl in Frankreich Handel getrieben hatten, erwirkte Adolf von Nassau selber durch ein Schreiben an Eduard I. ihre Freilassung.

Auch bis nach Norwegen und tief nach Rußland hinein fuhr der unternehmende Dortmunder Kaufmann. Schon 1229[1] waren zwei Dortmunder, Armbrecht und Albrecht, unter den deutschen Kaufleuten, welche mit dem Fürsten von Smolensk einen Vertrag über das Recht der Russen in Riga und Wisby und das der Deutschen in Smolensk abschlossen. Dortmunder Münzen aus jener Zeit, östlich der Weichsel gefunden, werden im Münzkabinet zu Petersburg aufbewahrt. Zu der Geldkiste in Nowgorod, worin die Ueberschüsse der dortigen deutschen Kolonie aufbewahrt wurden, bewahrten die Aelterleute von Wisby, Lübeck, Soest und Dortmund die Schlüssel. Und als 1252 fern an der Memel eine Stadt gegründet ward, sandten gar die Erbauer, der Bischof von Kurland und der Ordensmeister der Brüder vom Deutschen Hause, „aus Ehrerbietung gegen das Reich" an den Dortmunder Rath die Bitte um Mittheilung der Stadtrechte von Altdortmund für „Neudortmund", wie sie ihre Gründung benannt hatten: ein Beweis, daß drüben viele Dortmunder als Kolonisten wohnten und daß daselbst Dortmund damals als das Urbild einer Reichsstadt galt. Jene Stadt war nicht Dorpat (Jurjew), wie man lange Zeit geglaubt hat, sondern Memel.[2]

Gemeinsame Gefahren der handeltreibenden Bürger bewirkten Verbände zu Schutz und Trutz. Dasselbe Jahrhundert, welches Dortmund zu einer Hansestadt machte, schuf auch die Bündnisse der Stadt zur Sicherung des Friedens im Inlande. 1253 verbündete sich Dortmund in einer Zusammenkunft an der Lippebrücke bei Werne mit Münster, Osnabrück und Lippstadt zu gegenseitigem Schutze ihrer Bürger. 1255 erklärte die Stadt den Bürgern von Cöln ihren Beitritt zu dem großen Landfriedensbunde, den die rheinischen Städte mit Mainz an der Spitze ein Jahr vorher geschlossen hatten. Am selben Tage trat Münster bei, und dem Beispiele folgten rasch die übrigen westfälischen Städte. 1264 und 1268 wurde der Werner Vertrag erneuert. Soest, Münster und Dortmund verabredeten in einem Dreibunde 1270 bestimmte Waffenhülfe: Im Falle eines Angriffs mußte jede Stadt dem bedrohten Bundesgenossen unter eigenem Banner zu Hülfe eilen, und zwar Dortmund den beiden andern mit 30 gepanzerten Reitern und 6 Wurfschützen; entsprechend Soest mit 40 und 8, Münster mit 20 und 4.[3] Seit 1312 betrachteten sich die vier Städte Dortmund, Soest, Osnabrück und Münster auch ohne besondere neue Vereinbarungen als ewig verbündet. Zweimal im Jahre wurden, ähnlich wie heute den Reservisten die Kriegsartikel, der Bürgerschaft die Bundesartikel öffentlich vorgelesen.

Mit dem Ende des 13. Jahrhunderts begehrten selbst Fürsten und Herren, zu deren Abwehr vornehmlich die Städtebündnisse geschlossen waren, theilweise Aufnahme in diese Gemeinschaft. Der

---

[1] Frensdorff, Seite CXVII ff.
[2] Frensdorff, zu Seite CLXVIII.
[3] Diese Zahlen lassen einen Schluß auf das Größenverhältniß der Städte zu.

Bund zwischen Dortmund, Münster und Soest ward 1298 durch den Beitritt des Erzbischofs von Cöln, des Bischofs von Münster und des Grafen von der Mark zu einem Sechsbunde erweitert. Bei einem ähnlichen Landfriedensbunde 1319, der das Land zwischen Wupper und Weser umfaßte, wurde Dortmund mit Soest, Münster und Osnabrück abwechselnd zum Bundesvorort ernannt. Ein neuer Bund 1348 vereinigte Dortmund mit fast allen geistlichen und weltlichen Fürsten und größeren Städten des Landes zu gleichem Zwecke.

Gegen Ende des dreizehnten Jahrhunderts suchte fremder geistlicher Einfluß sich in den Mauern der Stadt geltend zu machen, ausgehend vom Erzbisthum Cöln, das eine weltliche Hoheit über die Stadt trotz der oben erwähnten Verpfändung Wilhelms von Holland nicht geltend zu machen wagte.

Die Jahre 1262, 1267, 1272 und 1282 bezeichnen die Abschnitte eines langwierigen Prozesses um das Patronat der Dortmunder Pfarrkirchen, den man in der Geschichte der Stadt den Patronatsstreit zu nennen pflegt.¹ Der Kampf, der anfangs um die Besetzung einer Pfarrstelle an der Reinoldikirche sich drehte, entbrannte nach längerer Pause 1282 aufs neue, diesmal um das Patronat der Marien- und der Nikolaikirche. Die Stadt war die Verklagte, Kläger beim erzbischöflichen Gerichte der Dechant der Cölner Mariagradenkirche (ecclesia S. Mariae ad Gradus), der sich als Archidiaconus von Dortmund bezeichnete. Zu Richtern setzte der Erzbischof von Cöln drei andere Cölner Dechanten ein. In 33 Artikeln entwickelte der Dechant nun die Gründe seiner Klage. Die Reinoldikirche in Dortmund sei ursprünglich eine Conventualkirche mit einem Convente von zwölf Canonici gewesen, die dann der Erzbischof Sanct Anno sammt ihren Präbenden, Personen und Rechten nach Cöln auf die Mariagradenkirche übertragen habe. Darum gebühre dieser Kirche das Recht des Patronates über die spätere Pfarrkirche St. Reinoldi, und, da die letztere wiederum die Mutter aller andern Dortmunder Kirchen geworden sei, auch über diese andern ohne Ausnahme. — Nach langwährendem Streite, in den selbst Papst Urban IV. eingriff, kam endlich 1290 ein Vergleich zu Stande. Die Stadt erhielt das Patronat über die Marien- und die Nicolaikirche, der Cölner Dechant dasjenige über die Reinoldikirche mit ihren zwei Altären, jedoch hier mit der Verpflichtung, stets geborene Dortmunder zu Geistlichen einzusetzen. So neigte sich der Sieg doch wesentlich der Stadt Dortmund zu.

Noch vor Beginn des neuen Jahrhunderts drohte ein gewaltiger Brand, weit ausgedehnter als die von 1230 und 1244, den Wohlstand der Stadt zu vernichten. Am 26. April 1297 brach, während der größte Theil der Bürgerschaft sich auf einer Wallfahrt in Hohensyburg befand, in einem Wohnhause am Westenhellweg Feuer aus. Hülfe war fern, und die größere Hälfte der ganzen Stadt ward eingeäschert, so daß man, wie es heißt, auf dem Markte stehend ungehindert durch vier der Stadtthore hindurch blicken konnte. Unversehrt blieben nur die Höfe und Häuser vom Nicolai Kirchhof bis zur Töllnerpforte, und dieser südliche Stadttheil, bis dahin angeblich das Alte Dorf geheißen, wurde seitdem die Altstadt genannt. Sonst überdauerten nur einzelne Gebäude den Brand.

Diese eingeäscherte Stadt nun verpfändete überdies der deutsche König Albrecht I., dem Beispiele seiner Vorgänger folgend, an den Erzbischof von Cöln und an den Grafen von der Mark.² Wenige Tage nach seiner Thronbesteigung übergab er dem um seine Wahl besonders verdienten Erzbischofe von Cöln als seinem Stellvertreter die Oberhoheit über Dortmund, kurz darauf auch die benachbarten Reichshöfe Brackel, Westhofen und Elmenhorst und den Judenschutz. Allein die freien

---

¹ Rübel, Dortmunder Urkundenbuch I, 111, 121—124, 130, 142, 163, 165—168, 171, 172, 182, 195, 203, 223, 231. Frensdorff, Seite LXX ff. Mooren, Das Dortmunder Archidiaconat. 1853.
² Frensdorff, Seite XXXIV ff.

Dortmunder wollten nur dem Könige selber huldigen. Sie wendeten klüglich ein, daß auch Graf Eberhard von der Mark dieselben städtischen Reichseinkünfte, die jetzt der Erzbischof haben solle, von Albrechts Vater zugesichert erhalten habe, und baten, zwischen den Ansprüchen der beiden Fordernden zu entscheiden. Und Albrecht änderte aus politischen Erwägungen seinen Sinn: am 20. Januar 1500 gab er die Reichshöfe Dortmund, Brackel, Westhofen und Elmenhorst dem Grafen Eberhard zum Pfande, und am 8. Februar 1501 sprach er die ganze Stadt sammt ihren und allen westfälischen Reichsjuden dem Grafen als seinem Statthalter zu.

Aus diesen älteren Ansprüchen an die Freiheit der Stadt sollten bald neue erwachsen.

Das vierzehnte Jahrhundert bezeichnet in vielfacher Hinsicht die Blütezeit des reichsunmittelbaren Dortmund, nach außen durch die Ausbreitung des Handels und die siegreiche Abwehr zahlreicher und mächtiger Feinde, nach innen durch die Vergrößerung der Stadt und den Ausbau ihrer Verhältnisse. Rasch folgte dann alsbald der Niedergang.

Der Handel wuchs. Dortmund nahm grade damals, zur Zeit der höchsten Macht und Ausdehnung der deutschen Hanse, eine hervorragende Stellung unter allen westfälischen Handelsstädten ein. Ganz besonders lebhaft waren in diesem Jahrhundert die Handelsbeziehungen nach England, dessen Könige selber bei den kostspieligen Kriegen in und außer ihrem Stammlande sich die Unterstützung der vermögenden deutschen Kaufleute gegen weitgehende Vergünstigungen zu sichern suchten. Unter Eduard I. und Eduard II., besonders aber unter Eduard III. (1327—1377) blüht der Handel der Dortmunder. Erst neuerdings ist nachgewiesen,[1] daß an der Geldunterstützung des Königs Eduard III. in seinem Kampfe gegen Frankreich „den Söhnen Dortmunds unter den deutschen Kaufleuten ein hervorragender Antheil gebührt". Schon 1340 streckten sechs Dortmunder und vier andere Kaufleute dem Könige Eduard 18000 Pfund Sterling vor und erhielten dafür freie Wollausfuhr aus England. Eine Meldung von Dortmunder Handelsschiffen über die Stellung des Feindes — besonders Konrad Klepping that sich hervor — trugen im selben Jahre mit zu dem Seesiege der Engländer bei Sluys bei. Gegen neue Zuschüsse verpfändete dann der König den Dortmunder Kaufleuten den Ertrag der Zölle von London und drei andern Städten seines Reiches und um 1343 gar seine große Königskrone. Im nächsten Jahre wurde sie gegen bedeutende Zollvergünstigungen wieder eingelöst, allein 1346 wegen neuer erheblicher Vorschüsse die zweite königliche Krone an Tiedemann von Lemberg aus Dortmund verpfändet. Erst 1350 erhielt der König das Kleinod gegen die Uebertragung von eingezogenem fremdem Klostergut an Lemberg zurück. An den kaufmännischen Unternehmungen und Verträgen dieser Zeit waren außer dem Genannten insbesondere betheiligt die Patricierfamilien Sudermann, v. Ergste, Wale, Klepping, v. Brakel, Muddepenning, v. Isplingrode, Smithusen, Spißnagel und von der Bersword. Einfuhr von Tuchen nach England und Ausfuhr von Wolle aus England nach Flandern bildete den Hauptgegenstand des überseeischen Handels.

Einen neuen Beweis für das mächtige Aufblühen der Stadt bot die durch die Zunahme der Bevölkerung veranlaßte Gründung einer vierten Pfarrkirche, der Petrikirche, 1317. Auch sie ging aus der Reinoldikirche durch Abzweigung hervor. Nachdem am 31. October 1317 durch die erzbischöflichen Bevollmächtigten die formelle Genehmigung zur Einrichtung des neuen Gottesdienstes ertheilt war und derselbe bereits seinen Anfang genommen hatte, drohte noch nachträglich der Einspruch des Hauptpastors von St. Reinoldi die Zurücknahme der erzbischöflichen Erlaubniß zu bewirken.

---

[1] Frensdorff, Seite CXXIX. Uebersichtliche Zusammenstellung der einzelnen Dortmunder Familien von Rübel, Dortmunder Urkundenbuch I, 595, nach dem Anhange 1 zu Höhlbaums Hansischem Urkundenbuche.

Erst 1322, nach gründlicher Verhandlung der Angelegenheit, konnte der Gottesdienst wieder aufgenommen werden.

Größere Weiterungen verursachte die Niederlassung einer neuen geistlichen Ordensbruderschaft, der Dominikaner oder Predigermönche, in Dortmund.[1] Zu der ältesten Stiftung, dem Katharinenkloster, war im dreizehnten Jahrhundert[2] das Kloster der Franziskanermönche oder Minoriten hinzugekommen.[3] Im Jahre 1309 zogen nun die ersten Dominikaner in die Stadt ein und erwarben durch die Vermittlung eines Geistlichen, Eberhard Vridag, von einem Dortmunder Bürger, Gottfried Pallas, und dessen Frau Helka mehrere Häuser und Grundstücke auf dem Martinikirchhofe, die zusammen den Namen Andum führten, zum Bau eines Gotteshauses. Allein der Rector der Reinoldikirche, zu dessen Pfarrei damals jenes Gebiet gehörte, erwirkte in Cöln durch den Spruch eines geistlichen Gerichtes die förmliche Excommunicirung und die Austreibung des Priors und der Ordensbrüder aus der Stadt, nachdem die hartnäckigen Mönche einem einfachen Befehle des Officials und des Gerichtes, ja selbst des Papstes zur Räumung nicht Folge geleistet hatten. Ein neuer Versuch der Brüder endete 1319 mit ihrer abermaligen Verjagung und mit Zerstörung ihrer Gebäude.[4] Allein die Dominikaner verloren den Muth nicht. Sie versprachen 1325 dem Rathe, ihre Zahl in Dortmund nie über 25 zu vergrößern und für das Seelenheil von Rath und Bürgerschaft Sorge zu tragen. Vergebens. Da nahmen sie 1331 zur List ihre Zuflucht. Am 24. März, dem Tage vor Mariae Verkündigung, zogen ihrer 20 mit einem Weihbischof heimlich durch verschiedene Thore der Stadt ein, errichteten und weihten während der Nacht Bethaus und Altar und weckten am nächsten Morgen durch Glockenklang die überraschte Bürgerschaft. Umsonst ließ der Rath das Grundstück (noch heute „Mönchenwordt") absperren und jeglichen Verkehr mit den Mönchen untersagen; umsonst befahl selbst Kaiser Ludwig, der mit dem Papste Johann XXII. in einen erbitterten Streit gerathen war und denselben einen offenbaren Ketzer nannte, die Ausweisung der mit päpstlicher Erlaubniß zugelassenen Dominikaner aus seiner Reichsstadt. Erst allmählich gaben Stadt und Kaiser ihren Widerstand auf, 1332 kam es, und zwar im wesentlichen auf Grund der Bestimmungen von 1325, zu einer Einigung mit dem Rathe, und in den nächsten Jahren ward der Bau des Klosters aufgeführt.

Um 1540 waren somit folgende sieben Kirchen in Dortmund vorhanden:[5]

Vier Pfarrkirchen: Die Reinoldikirche und ihre drei Tochterkirchen, St. Marien (oder, wie sie bis zum 17. Jahrhundert gewöhnlich hieß, Unser Lieben Frauen Kirche), St. Nicolai und St. Petri. Die Nicolaikirche wurde 1810 wegen Baufälligkeit abgebrochen und die Gemeinde mit St. Petri zu einer Petri-Nicolai-Gemeinde vereinigt. Eine verwitterte Denksäule[6] vor der nach ihr benannten Nicolaischule erinnert an ihr Dasein.

---

[1] Krömecke, Geschichtliche Nachrichten über das Dominikanerkloster in Dortmund, 1851. Sauerland, Beiträge I, 95. Rübel, Dortmunder Urkundenbuch I, 347, 338 ff. Freusdorff, Seite LXXVI ff.

[2] Dortmunder Minoriten werden schon zwischen 1265 und 1287 (Dortmunder Urkundenbuch I, 146) nicht erst, wie spätere Chronisten behaupten, nach dem Brande von 1297 genannt.

[3] Das Kloster wurde 1803 aufgehoben und die Urkunden dem Staatsarchiv zu Münster einverleibt.

[4] Nederhoff, Seite 49.

[5] Genauere Geschichte der evangelischen Kirchen, insbesondere der Petri-Nicolaigemeinde, von Heller, Geschichte der evangelischen Gemeinden zu Dortmund, 1882. Für das Katharinenkloster die älteren Urkunden im Dortmunder Urkundenbuche; über die späteren Jahre siehe Hansen, Register zu Westhoff. Unveröffentlichte Urkunden des Katharinen- und Franziskanerklosters im Staatsarchiv zu Münster. Ueber das Dominikanerkloster siehe Krömecke a. a. O. Etwa 200 Urkunden noch im katholischen Pfarr-Archiv zu Dortmund.

[6] Heller, a. a. O. Seite 105—107, woselbst auch die Inschrift.

Dazu kamen drei Klosterkirchen, die des Katharinen-, des Franziskaner- und des Dominikanerklosters. Das Katharinenkloster wurde 1805 aufgehoben. Das in der zweiten Hälfte des dreizehnten Jahrhunderts gegründete Franziskanerkloster, auch das der „Grauen Mönche" oder „Grauen Brüder" benannt, bestand bis 1805; der werthvolle Schnitzaltar wurde 1809 in die Petrikirche übertührt. Das Kloster erhob sich zwischen dem Brüderweg (früher auch Zen Grawen Monniken genannt) und dem Schwanenwalle; zum Eingang führte das Gäßchen Mönchengang. — An das Dominikanerkloster (die Kirche ist die heutige katholische Propsteikirche) erinnern die Namen Mönchenwordt und Schwarzebrüderstraße.

Außerdem gab es mehrere Kapellen:

1. Die Martinskapelle, die uralte Kapelle der Grafen unweit des Westenthores, ursprünglich mit ausgedehntem Zubehör an Land und Häusern. Sie zerfiel seit 1434, wo der Thurm einstürzte.

2. Die Benediktskapelle, in ältester Zeit vor dem Ostenthore gegründet, später der Sicherheit halber auf dasselbe verlegt.[1]

3. Die Jakobskapelle, 1292 in gleicher Weise auf dem Westenthore angebracht.

4. Die Heiligegeistkapelle am Westenhellweg (heute Nr. 9) in der Nähe des Marktes.[2] Mit der Kapelle war ein Hospital, das sogenannte Alte Gasthaus, verbunden. Um 1364 gründete der Patricier Hildebrand Kaiser schräg gegenüber der Petrikirche das Neue Gasthaus.[3]

5. Die Margarethenkapelle in der Nähe des heutigen „Friedhofs" bei St. Reinoldi. Näheres ist über sie nicht bekannt.

Außer den Thürmen dieser Gotteshäuser schmückte damals eine große Anzahl von Wall- und Thorthürmen die Stadt.[4] Die hochragendsten unter diesen waren, wie bei jeder wohlbefestigten mittelalterlichen Stadt, die mächtigen Bergfriede über den Stadtthoren. Diese Thore „Porten", versehen mit doppelflügligen Außenthüren und einer „Schottporte", dem Fallgatter, dahinter, regelten, vom Thürmer wohl bewacht, den Verkehr nach innen und außen. Bis 1381, wo die Töllner und die Hövelsporte geschlossen wurden, gab es acht Stadtthore, nämlich in der Reihenfolge von Westen über Süden um die Stadt: 1. Westenthor. 2. Hövelsporte (am Ende der heutigen Hövelstraße). 3. Wißstraßenthor. 4. Neuthor. 5. Töllnerporte (noch heute Straßenname am Ostwall). 6. Ostenthor. 7. Kuckelkethor. 8. Burgthor. (Ein neuntes, das Katharinenthor, scheint nur als Ausfallporte gedient zu haben.) — Zwischen diesen Thoren vertheilt lagen die Wallthürme, auch sie zum Theil Zwinger von bedeutendem Umfange. Thiersch[5] nennt ihrer dreizehn, wie sich die Zahl derselben 1833 noch ermitteln ließ; wo erst ein späterer Bau erwähnt wird, darf doch ein früherer an dessen Stelle vorausgesetzt werden. Sie sind: 1. Der halbkreisförmige Kaiserthurm am Westenthore. In einer Nische oben war[6] das Steinbild Karl des Großen, des sagenhaften Gründers der

---

[1] Ueber den hartnäckigen Prozeß ihres Rectors Heinrich von Broke siehe unten.

[2] Ein fein gearbeiteter Marienkopf und die Spitze eines Tabernakels, beide von Stein und aus bester gothischer Zeit (durch Herrn H. Roskoth dem Museum überwiesen), sind die einzigen Sculpturreste aus dieser Kapelle.

[3] Ein Armenhaus war die sogenannte Elende. Vergleiche Heller, Seite 172.

[4] Reiche Sammlung älterer Ansichten von Dortmund (16.—18. Jahrhundert) im Besitze des Herrn W. Grevel in Düsseldorf; mehrere auch im städtischen Museum zu Dortmund, von 1574 (aus Braun und Hogenbergs Städtebuche IV, Blatt 20) an bis 1801 (Oelgemälde), ebendaselbst der Stadtplan des 16. Jahrhunderts mit erklärenden Randbemerkungen aus dem 17. (siehe Abbildung).

[5] Geschichte der Freireichsstadt Dortmund. Mette a. a. O. Seite 29 zählt nur die späteren 10 auf.

[6] Aehnlich wie noch heute am Breiten Thore in Goslar.

Stadt, angebracht. 2. Der Rothe Thurm an der Hövelspforte, polygonal erbaut 1532. 3. Der Reepschläger (= Seiler) Thurm zwischen Wißstraßen und Neuthor. 4. Der Stipelsthurm zwischen Neuthor und Sonnenschein. 5. und 6. Der Pulverthurm und der Palenthurm am Sonnenschein, beide über der Töllnerpforte, der erstere nach der Stadtseite zu, erbaut 1527. 7. Der Judenthurm zwischen Sonnenschein und Ostenthor. 8. Die Eulenflucht nahe am Ostenthore. 9. Der Gänsemarktsthurm nördlich vom Ostenthore.[1] 10. Der Schwanenthurm weiter westlich nach dem Kuckelkethore. 11. Der Hallenthurm zwischen Kuckelkethor und Burgthor. 12. Der Katharinenthurm der Vehmlinde gegenüber. 13. Der Adlerthurm nach dem „Rondel" zu.

Eine zweite, schwächere Umwallung an der Außenseite, der Lage nach durch die heutigen „Landwege" bezeichnet, verstärkte nach der Weise der meisten größeren Städte die Befestigung. 1545 wurde dieselbe zwischen Westenthor und Burgthor niedergelegt und der Freistuhl unter der Vehmlinde an die heutige Stelle in die Nähe des Burgthores übertragen. Vom Hauptwalle aus arbeiteten in Fehden die Wurfgeschütze, Bliden, deren Schleudersteine, die Blidensteine, im Frieden anscheinend an bestimmten Stellen vergraben wurden.[2]

Zum Schutze der Gärten, Fluren und Weiden aber umzog in größerer Entfernung ein dritter Wall als „Landwehr" die nähere Feldmark.

Schlagbäume, die sogenannten Renneboente,[3] sperrten, wo das Band der Straßen sie durchschnitt, den unberufenen Zugang; Warthtürme daneben (der Steinerne Thurm im Süden und der Fredenthurm am Fredenbaum im Norden waren die bedeutendsten) spähten ins Land und meldeten durch Zeichen, was da Auffälliges nahte.[4]

Die Gelegenheit, diese Befestigungen zu erproben, kam um die Mitte des Jahrhunderts, als die Pest Deutschland verheerte und in ihrem Gefolge die Geißelbrüder (in Dortmund 1351) die Gemüther erregten. Schon damals wäre Dortmund über die Austreibung seiner Juden (die erst 1372 zurückkehren durften) beinahe mit dem Erzbischofe von Cöln, dem Schutzherrn dieser königlichen „Kammerknechte", in Fehde gerathen.

Ernster wurde die Sachlage, als das Verhältniß zu dem Grafen Engelbert III. von der Mark, der seinem Vater 1347 in der Regierung gefolgt war, sich verschlechterte. Obwohl noch ein Jüngling, hatte derselbe gleich anfangs seine kriegerische Gesinnung bethätigt, indem er dem Grafen Gottfried von Arnsberg, der über angebliche räuberische Belästigungen durchreisender Kaufleute Rechenschaft verweigerte, den Fehdehandschuh hinwarf. Mit Gottfried schloß nun Dortmund, das gerade dem Grafen Engelbert und seinen Amtleuten eben solche Gewaltthaten schuld gab, am 17. Dezember 1351 einen Bund zu Schutz und Trutz; ihm traten bei die Grafen von Solms und von Tecklenburg. Der Verlauf der Fehde war kurz, jedoch für die Stadt nicht ungefährlich. Denn in der Nacht vom 18. auf den 19. März 1352, während zur selben Zeit ein Hauf von sechzig Dortmundern zur Niederbrennung von Lützendortmund unterwegs war, versuchte Engelbert die Stadt durch Verrath zu nehmen. Der Ueberfall richtete sich gegen eine Schleuse am Franziskanerkloster beim Kuckelkethor. Bereits waren, so erzählt die Sage, die eisernen Schleusengitter durchgefeilt, als Sanct Reinoldus selber seine Stadt rettete. Der Wächter Wunder auf dem Marienthurme hörte dreimal eine Stimme von oben: „Wunder, flä de

[1] Nach dem „Gänsemarkt" am Ende des Brüderwegs benannt.
[2] Dortmunder Urkundenbuch I, 303.
[3] Die heutigen Namen Fredenbaum und Dickmüllerbaum erinnern daran. Jener wird bei Joh. Krechhörde und Westhoff als Vredenbaum oder Wredenbaum bezeichnet, dieser ist nach der Dickmole (Teichmühle) benannt.
[4] Mette a. a. O. Seite 28.

Glocken und sah einen Feuerschein die verrätherische Arbeit der Feinde an der Schleuse erhellen. Das Läuten der Sturmglocke trieb nun die Märkischen in die Flucht. In der Eile ließen sie ihre Schnabelschuhe liegen oder schnitten, um besser laufen zu können, die langen Spitzen derselben ab.

Der Rath verordnete eine jährliche Dankprozession auf den Tag der glücklichen Errettung.

Im Juli desselben Jahres wurde der Bürgermeister Johann Sudermann, der persönlich draußen verspätete Bürger von der Ernte hereinrief, sammt seinen Begleitern von Feinden überfallen und gefangen. Gegen 1100 Goldgulden erfolgte die Freilassung und bald darauf der Friedensschluß. Engelbert schloß einen neuen Bund mit Dortmund auf fünf Jahre, und kurz darauf ward der letztere durch den Beitritt des Erzbischofs von Cöln, der Bischöfe von Münster und Paderborn und der Städte Münster und Soest zu einem allgemeinen Landfrieden erweitert. Auch dieser Vertrag ward nur auf fünf Jahre geschlossen, bezeichnend für die kriegerische Zeit, in der kleinere Herren, wie z. B. der Graf von Rietberg, zu einem Frieden auf sechs- bis achttägige Kündigung sich erboten.[1]

Eine gnädige Erneuerung ihres Bundes mußte die Stadt von Engelbert 1357 mit 220 Mark erkaufen. Vorsichtig traf der Rath für einen Kriegsfall Bestimmungen über die Verpflichtungen der Bürger zur Unterhaltung von Pferden und Knechten, ließ auch die Bürger sich selber zu diesem Behufe einschätzen und ihren Vermögensstand beschwören. Als 1364 Engelbert sein Bündniß abermals und zwar „auf Lebenszeit" erneuerte, kostete dies der Stadt mehr als bisher, nämlich 3000 Rheinische Goldgulden und eine Jahresrente von 60 Mark. Dennoch blieb des Grafen Gesinnung mindestens zweifelhaft. Bei einer neuen Verlängerung des Bündnisses 1376 ließ ihn die Stadt ausdrücklich seine Bereitschaft zur Förderung ihrer kaiserlichen Privilegien erklären. Die Rolle eines Vermittlers spielte Engelbert 1376 in der Fehde, die zwischen seinem Bruder Junker Dietrich von Dinslaken und Dortmund über einen Unterthanen Dietrichs, den Weseler Bürger Jakob von Thiel, heftig entbrannte. Dietrich fiel in die Grafschaft Dortmund ein und nahm städtische Gesandte gefangen; Dortmund antwortete im Frühjahr 1377 mit einem Raubzuge von 300 Reisigen ins Dinslakener Land. Dann setzte die Freigebung der Gefangenen der Fehde stillschweigend ein vorläufiges Ende.

Die Angriffe der unwohnenden Landesherren aber mehrten sich. Graf Wilhelm II. von Berg war in der Nähe von Dortmund durch Unbekannte räuberisch überfallen und fortgeschleppt worden, und er schrieb die erlittene Unbill den Dortmundern zu. Im Juli 1377 rückte er in Gemeinschaft mit dem Herzoge Wilhelm von Jülich und dem Grafen Adolf von Cleve mit einem Heere von 700 Reitern, 1000 Fußknechten und 600 Wagen vor die Stadt, bezog ein Lager an der Neuen Mühle bei Dorstfeld und ließ seinen Muth an den Kornfeldern aus. Allein nach dreitägiger Beschießung mit Brand- und Steinkugeln mußte er unverrichteter Dinge abziehen. Sanct Reinoldus selber, so erzählt die Sage, stand in voller Rüstung auf der Stadtmauern am Westenthore, fing die Kugeln auf, wie man einen Ball auffängt, und warf sie den Feinden zurück. Zum bleibenden Gedächtniß an die Errettung ließ die Stadt ein steinernes Bild des Heiligen mit wie zum Rückschlage ausgerecktem Arme auf der Mauer aufstellen.[2] Der Graf von Berg sah sich aus Nahrungsmangel zur Aufhebung der Belagerung gezwungen. Ritter Engelbert Sobbe, ein Freund der Stadt, erwirkte nach drei vergeblichen Tagungen auf der vierten eine Beilegung der Feindschaft. Der Graf beruhigte sich mit der Versicherung der Dortmunder, daß keiner ihrer Bürger an der Gewaltthat gegen ihn betheiligt sei.

---

[1] Dortmunder Urkundenbuch I, 702.

[2] Vielleicht ist das hölzerne Standbild des Heiligen in der Reinoldikirche, dessen auffällige Haltung sich aus der Sache erklären würde, damals aus gleichem Anlasse gefertigt worden.

Zwischendurch[1] erhellten sonnige Tage die Gewitterwolken, welche sich von allen Seiten gegen die freie Reichsstadt zusammenzogen: Kaiser Karl IV. und nach ihm Kaiserin Elisabeth besuchten ihre Stadt. Seit dem Hohenstaufen Heinrich VII. 1224 hatte kein deutscher König mehr unter seiner allzeit getreuen Bürgerschaft geweilt. Als daher in der Nacht zu Sonntag, dem 22. November 1377, die sichere Kunde von dem Herannahen des Kaisers eintraf, zog ihm am Morgen ein stattliches Geleite von 200 wohlberittenen Bürgern aus dem Osthore entgegen und löste jenseits Unna die Soester ab. In Körne sprengten die beiden obersten Stadtvertreter, der alte Bürgermeister Detmar Klepping und der neue Johann Wickede, voran zur Stadt, um deren Schlüssel zu holen, sie am Steinernen Kreuze (der heutigen Funkenburg) dem Kaiser zu überreichen und aus seiner Hand wieder zu empfangen. Aus der Stadt bewegte sich ein großer Zug dem Kommenden entgegen: Kloster- und Weltgeistlichkeit, Heiligengebeine tragend, singende Scholaren (Klerke) mit Kränzen auf dem Haupte und grünen Zweigen in den Händen, dann, von Priestern getragen, der silberne Sarg mit St. Reinolds Leichnam und sein Haupt in silberner Kapsel; hinter dem Sarge das Volk. Der Kaiser stieg vom Pferde, küßte das Haupt des Heiligen und schloß sich dann sammt seinem Heergefolge von 243 Reitern dem Zuge an, der unter Glockenklang und Posaunenschall dem Stadtthore sich näherte, wo die beiden Bürgermeister das Roß des Kaisers am Zügel faßten und so den Herrscher unter einem Thronhimmel in die Mauern geleiteten. Voran ging mit bloßem Schwerte als Reichsmarschall der Herzog von Sachsen. Nach brünstigem Gebete in der Reinoldikirche nahm der Kaiser sein Quartier beim Bürgermeister Johann Wickede in der Wißstraße und empfing dort auch die Gaben der Stadt an Brod, Wein, Bier und Fleisch und Zukost.[2] Am folgenden Tage verehrte man ihm auf seinen Wunsch zwei Stücke Gebein aus Reinolds Sarge und eine Geschichte des Heiligen. Nachdem der Kaiser die Privilegien der Stadt bestätigt und sie dem Erzbischofe von Cöln und dem Grafen von der Mark zum Schutze empfohlen, zog er am dritten Tage nach Essen weiter, und die Stadt gab ihm bis Lütgendortmund das Geleite.

Mehrere Wochen später, am 16. Januar 1378, ward auch die Kaiserin Elisabeth auf einen Tag Gast der Stadt. Ihr zu Ehren versammelten sich Bürgermeister und Rath und die vornehmen Familien auf dem festlich geschmückten Rathhause, und die auserlesene Jugend der städtischen Geschlechter führte vor der Kaiserin und ihrem Hofstaat „mit hoher Zucht, Ehre und Würdigkeit" sittsame Reigentänze auf.

Im selben Jahre aber drohte der Stadt Verrath. Ein Edelmann aus der Umgegend, Heinrich Hardenberg, der einen Ehrenschein hatte verfallen lassen und deswegen von seinem Gläubiger, dem Juden Vivus in Dortmund, meineidig gescholten war, sandte der Stadt, die ihm keine rasche Genugthuung gab, den Fehdebrief. Sein Helfer wurde der alte Widersacher der Dortmunder, Dietrich Herr von Dinslaken, Graf von der Mark, und noch dreizehn Edelleute. An die tausend Mann standen unter ihrem Befehle. Nach Verabredung mit einer in Dortmund lebenden Wittwe, Agnes von der Vierbecke, hatte man nun die Morgenfrühe des 4. October, eines Montags, zu einem verrätherischen Ueberfalle am Wißstraßenthore vermittelst eines Wagens mit Brennholz bestimmt.[3]

Der Verrath mißlang. Die Bürgerschaft lief zusammen; man fand auf dem Thurme Agnes und bei ihr ihren Sohn aus zweiter Ehe, Arnold Sudermann, und Konrad, den Junggrafen von

---

[1] Ueber das folgende bis zum Schlusse der Fehde vergleiche die hauptsächlich auf Nederhoff, Westhoff und Urkundenbuch Band II, 1 beruhende gründliche Zusammenstellung von Mette, Beiträge IV, Einleitung.

[2] Fürstliche Besucher wurden auch in späteren Jahrhunderten noch regelmäßig von der Stadt durch Geschenke an Lebensmitteln geehrt.

[3] Nederhoff, Seite 62. Westhoff, Seite 237. Mette, Seite 20.

Dortmund. Noch am selben Tage wurden die beiden Jünglinge auf dem Markte nach gesprochenem Urtheil enthauptet, Agnes aber auf dem Brennholze sammt dem Wagen verbrannt. Ein jährliches Dankfest wurde fortan am Sonntage nach Michaelis gefeiert. Mit Dietrich von der Mark, der vergebens nachträglich die Hingerichteten als schuldlos zu rechtfertigen suchte, vermittelte Graf Engelbert nach zwei Jahren zu Cöln einen Vergleich.

Allein der mißgünstigen Stimmung der umwohnenden Fürsten und Herren gegen eine reiche, unabhängige Stadt gab dieser Vorfall neue Nahrung, und 1388, als auch in Schwaben und am Rheine gleiche Kämpfe wogten, brach gegen Dortmund alle aufgesammelte Feindschaft in einen großen Unwetter los. Die alten Hoheitsansprüche des Erzbischofs von Cöln und des Grafen von der Mark von 1300 hatten auch in der Zwischenzeit nicht geruht. Der Versuch, sich mit Gewalt in den Besitz der durch kaiserliche Verpfändung verbrieften Rechte, die die Stadt nicht anerkannte, zu setzen, wurde nun gemacht.[1] Die Hinrichtung der Verräther von 1378 und ein in Dortmund entstandenes Schmähgedicht[2] auf Graf Engelbert von der Mark bot willkommene Vorwände für den letzteren zur Fehde. Im Ganzen stellte der Graf, wenigstens nachträglich, siebzehn Beschwerdepunkte zusammen.[3] Am Tage nach der Rathswahl, am 22. Februar 1388, erhielt die Stadt von Friedrich von Saarwerden, Erzbischof von Cöln, und Engelbert III., Grafen von der Mark, gleichzeitig den Absagebrief. Unter den mehr als vierzig Landesherren aus ganz Westdeutschland, die zugleich „entsagten", befanden sich die Erzbischöfe von Mainz und Trier, die Bischöfe von Augsburg, Bamberg, Paderborn und Osnabrück, die Pfalzgrafen bei Rhein, der Herzog von Jülich sowie Burggraf Friedrich zu Nürnberg und Graf Eberhard von Württemberg, „der alte Rauschebart". Des letzteren Name übrigens beweist schon, daß es den meisten Gegnern mehr um ihres Namens Eindruck als um eine wirkliche Theilnahme an diesem Feldzuge zu thun war, denn Graf Eberhard hatte in seinem eigenen Lande seine Streitkräfte vollauf nöthig. Hunderte von ritterlichen Lehnsträgern schlossen sich der Kriegserklärung der Landesherren an. Unaufhörlich liefen Fehdebriefe auf dem Rathhause ein mit der hergebrachten Eingangsformel: Wettet, . . ., dat wy uwe vyande willen wesen. Bereits am 24. Februar erschien das erzbischöfliche Heer vor der Stadt, schlug an der Landwehr nahe dem Fredenbaum ein Lager auf und errichtete dort eine Befestigung, die Rovenburg.[4] Graf Engelbert bezog im Südwesten an der Emscher eine feste Stellung. Vier Tage darauf begann die Beschießung aus Wurfgeschützen und Donnerbüchsen. Aber auch die Stadt traf ihre Maßregeln, hieß die mittellosen Leute auswandern, zog hohe Beiträge von ihren Bürgern ein und ordnete eine Bürgerwache zum Schutze von Thor und Wall bei Tag und Nacht für alle Stände an. Sie erwarb auch zu ihren eigenen wehrhaften Mannen ritterliche Helfer und Fußknechte, sogenannte Pikenträger (peikmanne), aus der Umgegend hinzu. Herr Ritter von Raesveld und Herr Morrian waren die bedeutendsten der ritterbürtigen Helfer. Sogar aus England wurden treffliche Bogenschützen zu Fuß und zu Roß angeworben. Die Fehde nahm einen langwierigen Verlauf. Nach mehrfachen vergeblichen Angriffen im Westen und Norden der Stadt suchte Engelbert von Osten her erfolgreicher vorzudringen. Am Peterpaulstage, den 29. Juni, zog er von seinem Lager an dem Leprosenhause (Funkenburg) näher bis auf die Galgenmarsch zur Stadt heran, verbrannte den Galgen, schlug einen Ausfall der Belagerten zurück und warf eine große Anzahl

---

[1] Frensdorff, Seite XLIII. Anmerkung 6.
[2] Text bei Mette a. a. O. Seite 24 und bei Keller, Geschichte der ev. Gemeinden, Seite 11.
[3] Mette a. a. O. Seite 56 nach Westhoff, Seite 279.
[4] wohl = Ravensburg.

von Steinkugeln in die Stadt. Eine Kugel durchschlug Dach und Gewölbe der Reinoldikirche. Doch fiel angeblich den sämmtlichen 258 Schüssen der Donnerbüchsen in der Fehde kein Menschenleben zum Opfer. Dagegen hatten in den unaufhörlich kleinen Kämpfen zwischen Wall und Landwehr Angreifer und Belagerte manchen Todten zu beklagen. Am 10. Juli zog Engelbert in ein inzwischen erbautes festes Haus in Körne. Für die Vernichtung der Feldfrüchte suchten sich die Dortmunder durch Verheerung der Märkischen Dörfer schadlos zu halten. Dorstfeld, Barop, Voersten Hans in Marten, Lütgendortmund, Derne, Menglinghausen und Brackel, ja Recklinghausen und Westhemmerde wurden durch größere Ausfälle im Laufe des Sommers gebrandschatzt, fast alle übrigen Dörfer im Herbste. Ein großer Raubzug nach Camen mißglückte: das dort erbeutete Gut, über 1500 Stück Vieh und 100 Pferde, wurden den Helfern der Stadt beim Uebergange über die Lippe in einem blutigen Gefechte größtentheils wieder abgejagt. Dagegen zog am Samstag dem 5. October 1388 bei Tagesgrauen die gesammte Dortmunder Streitmacht aus zu einem entscheidenden Schlage gegen die Rovenburg. Nach heißem Sturme war gegen Mittag die Schanze in den Händen der Bürger; die gesammte Besatzung, 72 Mann, darunter 8 Todte, fiel in die Gewalt der Sieger. Der feindliche Hauptmann Wessel von Westerholt starb am dritten Tage an seinen Wunden. Zwei Tage darauf machten die Städter die Ueberreste der Rovenburg dem Erdboden gleich.

Den ganzen Winter und den folgenden Frühling hindurch wechselten regelrechte Gefechte mit Beutezügen ab. Die beiden Hauptgegner befestigten zum Ersatz für die zerstörte Ravensburg Ende April 1389 die Kapelle in Lindenhorst mit Wall und Graben. Noch im October war kein Ende der Fehde abzusehen; auch Kaiser Wenzels Verwendung für die Stadt fruchtete nichts. Nach neun vergeblichen Zusammenkünften kam endlich am 20. November 1389, nach einunddreivierteljähriger Belagerung, durch Vermittlung der Stadt Soest ein Vergleich zu Stande: Dortmund behielt seine Freiheiten und Rechte, zahlte aber dem Erzbischofe Friedrich und dem Grafen Engelbert für ein mit ihr abzuschließendes Friedens- und Freundschaftsbündniß zusammen 14000 Gulden. Die beiderseitigen Gefangenen wurden herausgegeben.

Die Dortmunder fanden ob ihres tapferen Verhaltens insbesondere bei der Hanse uneingeschränktes Lob. Allein trotz des ehrenvollen Ausgangs der Fehde lasteten doch die durch dieselbe entstandenen Schulden schwer auf der Stadt und zogen bedenkende Folgen nach sich.

Im ganzen beliefen sich die geliehenen baaren Summen auf mehr als 40000 Goldgulden. Bis zum Jahre 1393 gelang es, die meisten Rententermine einzuhalten und von den Kapitalschulden wenigstens einen Theil abzutragen, von da ab aber versagte die Kraft zusehends. Auswärtige Gläubiger klagten bei Kaiser und Reich, bei Fürsten, Städten und Hanse. Aber auch in der eigenen Bürgerschaft schwand der in den Kriegstagen schön bewiesene hülfsfreudige Geist der Einigkeit. Manche der ersten Großkaufleute legten ihre Bürgerschaft nieder, da man sie im Auslande für die Schulden der Stadt persönlich haftbar machen wollte; eine außerordentliche Vermögensteuer, die Punting, die man als letztes Mittel wählte und die in drei Terminen, 1393, 1394 und 1396, fällig war, trieb abermals eine Reihe wohlhabender Bürger aus der Stadt. Dazu kam die Mißstimmung der Handwerkergilden über tiefer liegende Uebel.

Ihr 1260 erzwungenes Recht der Aufsicht über die Rathswahl erwies sich als unzureichend, seitdem König Ludwig 1332 die Rathsfähigkeit ausdrücklich wieder nur den alten begüterten Geschlechtern zugestanden hatte. Die vornehmen Geschlechter der Berswordt, Beye, Brake, Klepping und Hengstenberg, der Murmann, Sudermann, Wickede und Wistrate beherrschten mit einigen andern völlig den

Rath. Von 1330 bis 1400 saßen im Rathe nur 59 verschiedene Familien. Dieselben Mitglieder wechselten ein ums andere Jahr. Die Pruntung und eine neue Nahrungsmittelsteuer (Accise) 1393, von welcher die Geistlichen frei blieben, steigerten die Erbitterung, und die Vertreibung des patricischen Stadtregimentes in Cöln durch die dortigen Zünfte 1396 hob den Muth. 1399 forderten Abgeordnete der Gilden den Rath zur längst versprochenen Rechenschaft über die Verwendung der städtischen Gelder auf. Die Rathsherren versammelten sich, ohne das Begehren einer Antwort zu würdigen, im Hause von Cesarius Hengstenberg und spotteten bei gutem Weine der Zürnenden. Aber diese hielten ihrerseits bei starkem Biere auf dem Gildehause Rathschlag, stürmten von dort plötzlich bewaffnet das Rathhaus, setzten den versammelten Rath gefangen und wählten einen neuen. Erst gegen hohes Lösegeld erlangten die Abgesetzten die Freiheit wieder. Die sechs neuen für 1400 gewählten Gildenvertreter setzten das Zwangsmittel durch, daß jeder einheimische Gläubiger der Stadt seinen Schuldschein oder Rentenbrief unentgeltlich zurückgeben solle. Die Geschädigten wandten sich an den Kaiser Ruprecht. Als aber in dessen Auftrage nun 1404 Graf Adolph von der Mark, Engelberts Nachfolger, den Umsturz der städtischen Regierung für null und nichtig erklärte und zur Wiederherstellung des alten Zustandes aufforderte, erschien diese Einmischung doch den Bürgern bedenklich: 1406 erwirkten Vertreter der Erbsassen und der Gilden gemeinsam beim Kaiser die Genehmigung des neuen Zustandes. Die sechs untersten Rathsstellen blieben fortan in der Hand der Gilden, und dem Rathe traten außerdem von jetzt an die beiden Stände der 12 Erbsassen (zerfallend in sechs Rathserbsassen und sechs Kurfreunde) und der aus den Sechsgilden gewählten Vierundzwanziger zur Seite. Hatten die Stände, die Stadtverordneten ihrer Zeit, insbesondere die städtischen Ausgaben zu bewilligen, so waren innerhalb des Rathes vornehmlich die sechs Oberen oder Superioren (siehe oben Seite 7) die Leiter der Verwaltung.[1]

So hatten beide, Regierung und Volk, ihre frische Vertretung bekommen, und nur die eigene Schuld der Bürger war es, wenn schon im fünfzehnten Jahrhundert die Lebenslänglichkeit der Rathsmitglieder wieder aufkam und bis zur Auflösung der Reichsstadt 1803 allmählich starre Form und Rückschritt an Stelle lebenskräftigen Aufschwunges trat.

In den letzten Jahrzehnten des 14. Jahrhunderts entspann sich ein langwieriger Prozeß zwischen der Stadt und dem Rektor der Benediktskapelle Heinrich von Broke.[2] Der eifrige Priester, dem man der Sicherheit der Thore wegen sein Kirchlein gewaltsam von der luftigen Höhe des Ostenthores in das Innere der Stadt verlegt hatte, erfand, ein historisches Unrecht zu erweisen, eine ganze Chronik von Pseudorektoren seiner Kapelle. Obgleich, wie in Patronatsstreite, der Cölner Official 1404 Rath und Bürgerschaft mit dem Bann belegte, vertrieb doch der Rath den widersetzlichen Broke aus der Stadt und erzielte endlich 1413 beim Papste die Aufhebung des Bannes und ein günstiges Abkommen.

In den folgenden Jahrhunderten zieht, da die Entwickelung der Verfassung wesentlich abgeschlossen ist, namentlich die Betheiligung der Stadt an größeren Bewegungen im Reiche und an der Geschichte der Nachbargebiete die Aufmerksamkeit auf sich. Auch an kulturhistorischen Nachrichten fehlt es nicht.

---

[1] Gute Uebersicht der späteren Verfassung bei Fahne, Dortmund III, Seite 12 ff.
[2] Rübel, Beiträge II III, 208, und danach Hausen, Chronik der Pseudorectoren der Benedictskapelle zu Dortmund (Einleitung und Text).

Zu dem Hussitenfeldzuge König Sigismunds sandte auch die Stadt Dortmund 1421 und 1422, dem kaiserlichen Befehle gehorsam, Reisige und Geld. Als sie jedoch 1425 aufgefordert wurde, den Fürsten- und Städtetag zu Frankfurt in derselben Sache zu beschicken, entschuldigte sie sich: Das Sterben in der Stadt sei groß und die Hussiten weit; sollte die Ketzerei auch bei ihnen sich ausbreiten, so würden sie als gute Christen handeln.

Ein Streit des Herzogs Adolph von Cleve mit seinem Bruder Gerhard von der Mark zog 1424 auch die Dortmunder in Mitleidenschaft, und sie baten König Sigismund um Schutz. Der setzte ihnen, dem Verfahren seiner Vorgänger gemäß, den Erzbischof von Cöln zum Schirmherrn gegen den Clever Herzog. Die Abneigung gegen diesen letzteren veranlaßte die Stadt auch in der Soester Fehde (1444—1448), die Partei des Erzbischofs Dietrich von Mörs gegen den jungen Herzog Johann von Cleve und damit gegen ihre alte Bundesgenossin Soest zu ergreifen. In Folge dieser Parteinahme entbrannte bald die alte Feindschaft der Märkischen gegen Dortmund zu neuer blutiger Fehde vor den Thoren der Stadt. Die Unachtsamkeit des bejahrten Bürgermeisters Albert Klepping, der einen Warnbrief bis zum folgenden Tage uneröffnet ließ, verursachte den Dortmundern eine große Niederlage. Am 13. September 1448 lockten clevisch-märkische Reiter durch Scheinangriff die Streitmacht der Stadt aus den Mauern, brachen dann in großer Zahl aus einem Hinterhalte an der Hörder Klause hervor und jagten den Dortmundern und ihren Helfern nach bis vor das Neuthor. 318 wurden gefangen und nach Soest, Hamm, Iserlohn und andern Städten der Mark in verschiedene Gefängnisse abgeführt, aus denen sie durch schweres Geld sich lösen mußten, wenn sie nicht ausgetauscht wurden. 1449 erfolgte der Friedensschluß, und Herzog Johann von Cleve-Mark und später auch sein Sohn und Nachfolger Johann II. (1481—1521) weilten von nun ab öfter als hochgefeierte Gäste in der Stadt. Am 16. October 1483 wählte Johann II. sogar Dortmund zum Orte einer bundesfreundlichen Zusammenkunft mit Herzog Wilhelm von Berg und Bischof Heinrich von Münster. Mit 500 Pferden kamen die Herren in die Stadt eingezogen, luden einander zu Gaste und veranstalteten Turniere und andere ritterliche Spiele, „so daß man nit anders vermeinte, es were eine neue gülden Zeit vorhanden". Stechspiele (Turniere) fanden damals öfter auf dem Markte zu Dortmund statt; 1484 büßte dort bei einem solchen Kampfe der Schultheiß zu Brackel gegen den Junker von Nortkirchen aus Brüninghausen das Leben ein. Als 1525 die beiden Länder Cleve und Mark mit Jülich zu einem Herzogthum Jülich-Cleve-Berg vereinigt wurden, entfernte sich auch der Mittelpunkt des märkischen Landes aus der Nähe von Dortmund, und die Stadt sah erst 1609 wieder einen neuen Erben des Herzogthums, den Brandenburger, in ihren Mauern.

Zweimal zogen im fünfzehnten Jahrhundert um des Reiches willen gewappnete Bürger aus, das eine Mal 1464, als der Weihbischof von Cöln den Kreuzzug wider die Türken predigte, das andere Mal 1475 auf kaiserliches Gebot zur Hülfe für die von Karl dem Kühnen belagerte Stadt Neuß. Am 24. April rückten sie aus, ein starker Haufe mit 42 Pferden und mehreren Wagen, befehligt von den Hauptleuten Sebode Berswort, Schedungen und Berghof, und zehn Wochen später, als durch die Verlobung Maximilians mit Maria von Burgund der Krieg beendet war, kehrten sie nach rühmlicher Haltung in die Heimath zurück. Sechs waren im Kampfe geblieben. Den Führern „verehrte" die dankbare Stadt wegen ihrer mannhaften Pflichterfüllung eine jährliche Leibzucht.

Sonst war die Zeit den Werken des Friedens günstig. Der nach der großen Fehde lange gelähmte flandrische und englische Handel hob sich wieder, und in der zweiten Hälfte des 15. Jahrhunderts nahm die Stadt aufs neue lebhaften Antheil an den Hanseberathungen zu Lübeck. Zu Brügge freilich, wo seit 1562 viele Dortmunder als Aelterleute vorkommen und wo es sogar eine „Dortmunder Straße" gab, wurden die Beziehungen jäh abgebrochen seit der grausamen Wiedereroberung der Stadt durch Herzog Philipp 1458, die den Handel derselben völlig zerstörte.

Der Pflege der Waffen im Frieden dienten die Schützengesellschaften, die namentlich im 15. Jahrhundert ihren Prunk entfalteten und sich der lebhaften Gunst des Rathes erfreuten. Die älteste Gesellschaft war die der Armbrustschützen; ihre früheste uns bekannte Ordnung erfolgte schon 1378. An der Spitze standen zwei Hauptleute, einer dem Rathe und einer der Gesellschaft angehörig; vor ihnen mußten zweimal jährlich Armbrust und Geschosse vorgewiesen werden. Abzeichen der Mitglieder waren die Kappen (Kogeln), die zum Vogelschießen oder, wie es bis gegen 1500 hieß, zum Papageischießen im Mai oder Juni ein jeder bereit halten mußte. 1448 ließ der Rath sechs in der Soester Fehde fahnenflüchtigen Schützen die Kogel nehmen. Einmal jährlich fand ein festliches Mahl der Gesellschaft statt, und beim Begräbniß eines Mitgliedes folgten die andern. Wer den Papagei abschoß, erhielt vom Rathe eine Armbrust als Preis. Nach der Soester Fehde treten ein Hauptmann, zwei Rittmeister und zwei „Scheffer" an die Spitze. Neben dieser älteren Gesellschaft bestand seit der Einführung der Feuerwaffen eine zweite, welcher vorwiegend Büchsenschützen angehörten. 1535 nahmen auf Befehl des Rathes beide Gesellschaften endgültig Feuerwaffen (Hakenbüchsen) an. Beide Gesellschaften bildeten im Frieden den Stamm der Bürgerwehr und das freiwillige Geleite des Rathes bei gewissen öffentlichen Umzügen. 1499 bestimmte eine Rathsverordnung, wie und wo sich die Schützen zu sammeln hatten beim jährlichen Auszuge zum Wulverich bei Brechten,[1] zur Brackeler Messe, zur Hagelfeier und zum Biltzgange durch die Felder. Uebermäßige Geldanforderungen, welche an die Führer durch ausgedehnte Bewirthungen der Schützen gestellt wurden, veranlaßten 1505 die Stadt, einen großen Theil dieser Spenden selbst zu übernehmen. Alle berittenen Schützen mußten seitdem auf Verlangen jederzeit für den Dienst des Rathes zur Verfügung stehen. Oefter zogen von nun an auf Rathsbefehl die Schützen aus, um mit gewappneter Hand städtische Flurrechte zu wahren.[2]

Im langen Frieden erblühte auch die Kunst der volksthümlichen Spiele.[3] 1497 wurde, anscheinend zum ersten Male, ein Fastnachtsspiel, das Spiel von Sanct Georg, durch Bürger der Stadt unter großem Beifall auf dem Markte aufgeführt. Seitdem fanden öfter Aufführungen statt. Die Stoffe der Schauspiele waren zumeist der biblischen Geschichte oder der Legende entnommen. 1513 waren auf dem Markte zur Darstellung des Fastnachtsspiels vom Antichrist sechs „Burgen" d. h. Bühnen errichtet, welche Himmel und Hölle, Juden und Antichrist, Papst und Kaiser mitsammt ihrer Umgebung darstellten. Aber auch weltliche Stoffe fehlten, besonders bei Lustspielen, nicht. 1528 wurde die Komödie von den „Swarten Buren" aufgeführt; Bellona und Pax traten darin auf. Ein Fastnachtsspiel, „der Kalkofen", worin „der treue Knecht gerettet und der falsche verbrannt wird", hatte offenbar dieselbe Erzählung, wie sie Schillers Eisenhammer zu Grunde liegt, zum Gegenstande. Seit der Gründung des Gymnasiums 1543 wurden die „Studenten" neben den Bürgern die Spieler, und es entstand ein löblicher Wetteifer zwischen den deutschen Stücken der Bürger und den lateinischen, ja griechischen, die zuerst der Rektor Johann Lambach 1544 durch Schüler aller Klassen im Kostüm

[1] Dieser Zug ging vom Burgthor durch den „Wredenboom".
[2] Siehe auch Rübel, Zur 500 jährigen Jubelfeier des Dortmunder Bürgerschützen-Vereins (Rheinisch-Westfälische Zeitung 12.—14. August 1888).
[3] Vergleiche Döring, Jo. Lambach u. s. w. 1875.
[4] Irrthümliche Erklärung bei Fahne, Dortmund II, 114 und anders bei Döring, Seite 62, richtige Deutung auch bei G. Kinkel (Westdeutsche Zeitschrift 1884, Seite 202).

unter großem Beifall zur Aufführung brachte. Bis zum dreißigjährigen Kriege fanden dann in vielen Jahren lateinische und deutsche Fastnachtsspiele von Bürgern oder Studenten auf offenem Markte statt. Erst 1625 und 1626 setzten scharfe Rathsverordnungen ihnen ein Ziel.

Am 13. November 1497 nahm auf königlichen Befehl der Erzbischof von Cöln die Huldigung für König Maximilian von Seiten der Stadt auf dem Rathhause persönlich entgegen. Die Zeiten hatten sich geändert: man weigerte sich nicht mehr, den Huldigungseid vor einem Vasallen des Reiches abzulegen, ließ aber fortan zweimal im Jahre mit Glockenschlag öffentlich verkünden, daß Dortmund eine freie Reichsstadt sei.

Das Jubeljahr 1500 sah viele Dortmunder auf der Pilgerfahrt nach Rom. Im Anschluß an dies Jubeljahr fand 1502 auch in Dortmund großer Ablaß statt. In der Reinoldikirche, wo den Gläubigen die Ablaßbriefe ausgetheilt wurden und wo vor dem Chor der Opferkasten stand, erscholl allabendlich der Bußgesang und nahmen oft zwanzig Priester zugleich die Beichte ab. Das Ablaßgeld, 1950 Gulden, nahm mit Bewilligung des Papstes König Maximilian 1503 durch seine Abgesandten für sich in Empfang. Blutige Kreuze, die vom Himmel fielen, ängstigten die Menschheit, und man zog 1503 in feierlichen Zügen barfuß in härenen Gewändern durch alle sieben Kirchen der Stadt.

Eine furchtbare Pest, die in Deutschland wüthete, entvölkerte, wie schon 1483, auch 1502 die Stadt. 1503 und 1508 wiederholte sich die Seuche. 1513 fielen ihr allein auf der Brückstraße und Kampstraße 1300 Menschen zum Opfer. Im ganzen 16. und in der ersten Hälfte des 17. Jahrhunderts räumte wiederholt die Pestilenz in Dortmund furchtbar auf. Allein im Herbst 1599 wurden auf dem Reinoldikirchhofe 1034 Pesttodte begraben.

1504 starb Johann Steck, der letzte Graf von Dortmund, und während schon 1320 die Hälfte der Grafschaft in die Hände der Stadt übergegangen war, fiel ihr nun auch die zweite Hälfte anheim.[1] Fortan wurde die Stadt mit dem ganzen Gebiete der Grafschaft, das von Dorstfeld bis Brackel und von Eving bis südlich zur Emscher sich erstreckte, und mit allen Rechten derselben durch den Kaiser belehnt. Die schwere Kränkung, welche Katharina von Lindenhorst, die Wittwe des Grafen, darüber empfand, sowie ihr Streit mit der Stadt über Hans Ickern lag wahrscheinlich jener stadtverrätherischen Unternehmung zu Grunde, die an Hermann Duvenetters, des „Mordbrenners", Namen sich knüpft.[2]

Hermann Duvenetter, Frohn zu Castrop, stiftete angeblich 1506 auf Betreiben der Gräfin Katharina fünf Männer an, Dortmund an verschiedenen Stellen in Brand zu stecken. Drei der von ihm Gedungenen wurden verbrannt. Er selber wurde bei einem Besuche in der Stadt verhaftet, gefoltert und als geständiger Anstifter enthauptet, sein Haupt auf dem Martinikirchhofe aufs Rad gesteckt und sein Leib daselbst eingescharrt. Ein Mitbeschuldigter, Engelbert Greveken, wurde auf den Antrag der Stadt durch den Spruch des Herzogs von Cleve in Wesel enthauptet und sein Rumpf mit einem Strohwisch zwischen den Beinen (als Zeichen des Brandstifters) auf ein Rad gesetzt. Eine jährliche Dankmesse feierte fortan auch in diesem Falle die Errettung der Stadt.

Grausame Hinrichtungen durch Galgen, Schwert und Rad waren namentlich im 15., 16. und 17. Jahrhundert zu Dortmund nichts Seltenes. 1486 wurde ein Jude, den man auf einem Diebstahl ertappte, lebendig an den Füßen zwischen zwei Hunden aufgehängt, 1533 ein neunundzwanzig-

---

[1] Genaueres hierüber siehe Bau- und Kunstdenkmäler von Westfalen, Kreis Dortmund-Land.
[2] Ueber einen ähnlichen Vorfall mit Gobelin Kracht berichtet Westhoff zu 1437.

tacher Mörder von unten auf gerädebrecht und 29 Klöppel um sein Rad gehängt. 1558 wurde eine Diebin lebendig begraben, 1541 vier junge Burschen, die ein Beutelchen mit etwas Geld auf dem Markte abgeschnitten hatten, zum Schwerte statt des Stranges begnadigt. Seit 1514 wüthete der Hexenglaube in Stadt und Umgegend, und viele unglückliche „Towersche" (Zauberinnen) erlitten seitdem den Feuertod. Zänkische Weiber mussten in der Geige stehen oder vom Westen- bis zum Ostenthore die Schandsteine tragen. Ehrlose wurden auf dem Markte am Pranger (Nack) ausgestellt. Das Hochgericht befand sich bei Körne, später vor dem Westenthore. — Die drei eisernen Käfige für die Aufführer der Wiedertäufer zu Münster wurden 1535 durch Meister Berthold von Lüdinghausen in Dortmund angefertigt.

Der Reformation wandte sich Dortmund, da der Rath am Katholicismus festhielt, verhältnissmässig spät zu.[1] 1515 und 1516 gab die ausgedehnte Anwendung des Ablasses der Bürgerschaft zu abfälligen Bemerkungen über die grosse „Milde" (Freigiebigkeit) des Papstes Anlass. Ende 1518 erhob sich ein Streit zwischen Rath und Geistlichkeit; Dortmund verfiel dem Bann, aus dem jedoch Ostern 1519 Cajetan es absolvirte. Aus diesen Anfängen entwickelte sich die reformatorische Bewegung in der Stadt. Sie ergriff namentlich die unteren und mittleren Schichten der Bevölkerung; Pastor Schöpper an der Marienkirche förderte durch Wort und Schrift die neue Lehre. Aber dem Verlangen der Bürgerschaft nach neuen Predigern leistete 1527 der am Alten hangende und mit der Geistlichkeit verschwägerte Rath hartnäckigen Widerstand und ordnete im folgenden Jahre eine Haussuchung nach lutherischen Büchern an.

Nach mehrfachen Schwankungen bedeutete einen Sieg der protestantischen Richtung erst die Gründung eines humanistischen Gymnasiums und die Besetzung desselben mit evangelisch gesinnten Lehrern. Die Anstalt, die sogenannte „grote" oder „hoge Schole", zu deren Unterhalt man die Einkünfte der Jakobs- und Benediktskapelle verwandte, wurde am 24. August 1543 eröffnet. Der Unterricht selber nahm am 29. September seinen Anfang. Insbesondere der erste Rektor, Johann Lambach, (auch Böker, lateinisch Scenastes genannt) wirkte in seinen späteren Jahren für die Reformation.[2]

Trotzdem liess der Rath, um jede Gewaltthätigkeit zu vermeiden, beide Confessionen längere Zeit neben einander ihren Gottesdienst ausüben. Noch bis 1570 schwankte es in der Marienkirche zwischen Messe und deutschem Abendmahle, und erst in diesem Jahre nahmen die Marien-, die Reinoldi- und die Petrikirche ausschliesslich lutherisches Abendmahl. 1578 folgte auch die Nicolaikirche. Der volle Anschluss an die Augsburgische Confession fand 1582 statt. 1628, als ein kaiserliches Mandat auch in Dortmund vergebens die Wiederherstellung der geistlichen Gerichtsbarkeit und die Rückgabe alles Kirchengutes an die Katholiken befahl,[3] waren ausser den Ordensleuten nur sieben Familien in Dortmund katholisch; 1739 dagegen wieder ein Viertel der Bürgerschaft. Angehörigen des reformirten Bekenntnisses wurde Anfang des 17. Jahrhunderts der Wohnsitz in der Stadt, jedoch erst 1665 ein ehrliches Begräbniss und endlich am 12. Januar 1786 das Bürgerrecht und freie Religionsübung zugestanden und die Heiligegeistkapelle zur Mitbenutzung eingeräumt. Nach dem

---

[1] Heppe, Geschichte der evangelischen Kirche von Cleve Mark und der Provinz Westfalen. Döring, a. a. O.

[2] Lambach † 1582 an der Pest. Ueber seine Nachfolger und die ganze Geschichte der Schule siehe Döring, a. a. O. — Alexander Mette, Festschrift zur 350jährigen Jubelfeier des Gymnasiums zu Dortmund, 1893. Als Schulhaus diente von 1543 bis 1863 ein Gebäude in der Schwarzebrüderstrasse; am 5. November 1863 fand die Verlegung in den Neubau am Neuthore statt.

[3] Ueber die Gegenreformation in Dortmund vergleiche Mette, Beiträge I, 148. Heller, Seite 77 ff. Keller, Gegenreformation in Westfalen und am Niederrhein.

Eingehen dieser Kapelle erfolgte 1840 durch die Vermittlung des reformirten Präfekten von Romberg die äußere Vereinigung der reformirten Gemeinde mit der evangelischen Mariengemeinde.

Auf kaiserliches Gebot zogen auch im 16. Jahrhundert Dortmunder Reisige aus, zuerst am 10. Juni 1542 zum Türkenkrieg. Auf 150 Landsknechte, 20 reisige Pferde und 2 Heerwagen belief sich der Antheil der Stadt; Geistliche, Kirchen und Hospitäler mußten den Zehnten ihrer Einkünfte als Kriegssteuer dem Rathe entrichten. Ende November kamen die Söldner sammt ihrem Hauptmann wohlbehalten heim, nur zwei waren im Felde geblieben.

Ein Versuch des Herzogs von Cleve Mark 1542,[1] durch Sperrung der Straßen den bedeutenden Dortmunder Korn- und Eisenmarkt — das Süderländer Eisen ging von Dortmund aus an kaufmännische Abnehmer im Münsterlande und in Braunschweig — nach Hörde zu ziehen, mißglückte; es stellte sich heraus, daß Hörde nicht genug Abnehmer besaß und daß die märkischen Producenten den Schaden davon trugen.

Durchzüge fremder Truppen, besonders spanischer, welche die Bürgerschaft zu beständiger Wachsamkeit nöthigen, geben der Zeit vom Ende des 16. Jahrhunderts bis zum Beginn des dreißigjährigen Krieges das Gepräge. Ende November 1598 verbreitete sich das Gerücht, daß die Spanier in Westfalen überwintern würden. In eiliger Arbeit zweier Tage setzte die gesammte Bürgerschaft Mauern und Wälle in Stand und weigerte dem spanischen Heere das Quartier. Um Weihnachten rückten die Spanier unter Admiral Mendoza in die Mark ein und verjagten, wohin sie kamen, die evangelischen Pfarrer. Der Rath verordnete Buß- und Bettage und theilte die waffenfähigen Bürger und angeworbenen Söldner in 15 Fähnlein, darunter eines der Junggesellen. Ein tüchtiger Oberst, Hardenberg Stael von Holstein, exercirte die Wehr; ein nächtlicher Alarm im tiefen Januar, den er schlagen ließ, fand alle Mann auf ihrem Posten. Mit Einbruch des Frühjahrs verließen die Spanier Westfalen, und der Rath entband die Krieger ihres Eides.

Im Juli 1599 entsandte auf Reichsgebot die Stadt zum zweiten Male in diesem Jahrhundert ihren Heeresantheil gegen einen Reichsfeind, als unter dem Generalfeldoberst Grafen Simon von der Lippe der westfälische Kreis ein Heer gegen die Spanier stellte. 90 Knechte, 21 Pferde und 1 Feldstück wurden aus Dortmund aufgeboten. Die zwölf Fähnlein der Bürger aber mußten während der Zeit für neu zu gießende Geschütze an Töpfen, Kesseln und sonstigem Kupfergeräthe, jeder in seinem Bereiche, sammeln, was zu finden war. Manch altes schönes Stück wird da verloren gegangen sein.

Nach 1600 mehrte sich die Kriegsgefahr. Durchzüge spanischer und ihnen feindlicher niederländischer (staatlicher) Truppen wurden häufiger, und in den Weinhäusern wuchs der Streit. Ja, als im August 1606 gleichzeitig Spanier in der Herberge zum Pott auf dem Osthellwege und holländische Reiter im „Rehfuß" auf dem Westhellwege lagen, kam es zu einer regelrechten Herausforderung zwischen beiden Parteien. Von jeder Seite zogen die sechs Stärksten aus dem Burgthore und stürzten voller Kampfeswuth auf einander, ehe noch der bestimmte Platz erreicht war. Die Holländer blieben Sieger und zogen nach altem Kriegsrecht den Erschlagenen die Kleider aus; ihr Führer nahm das Feldzeichen des gefallenen feindlichen Lieutenants an sich.

Am 8. Juni 1609 fand zu Dortmund der weltgeschichtliche Vertrag statt, wodurch der Markgraf Ernst von Brandenburg und Pfalzgraf Wolfgang Wilhelm sich über die gemeinschaftliche Regierung der jülich clevischen Länder verglichen. Sie nahmen nebst dem Landgrafen Moritz von Hessen und großem Gefolge vom 6. bis 14. Juni ihren Aufenthalt in der Stadt und fanden bei Rathsherren

---

[1] Siehe Hansen zu Westhoff, Seite 446.

Quartier, der Landgraf bei Konrad Klepping, der Markgraf bei Johann Dörper und der Pfalzgraf bei Philipp von Wickede. Ein Festmahl vereinigte am letzten Tage die hohen Gäste und die Rathsherren auf dem Rathhause.

Um gegen unfreiwillige Verwicklung[1] in die trotzdem fortdauernden jülichschen Erbstreitigkeiten und in die beginnenden Religionskämpfe im Reiche gesichert zu sein, erbat die Stadt vom Kaiser Mathias einen Schutzbrief. Sie erhielt ihn 1616, erwirkte auch von dem folgenden Kaiser die Erneuerung, aber dennoch entging sie ihrem Schicksale im dreißigjährigen Kriege nicht. Zwar blieb das ganze erste Jahrzehnt hindurch dank den Schutzbriefen und der eigenen Vorsicht die Stadt von Truppen unbelegt, aber als man am 25. März 1628 unüberlegter Weise den kaiserlichen Obrist von Erffte, dessen Truppen draußen lagerten, mit drei Kutschen zu einem Nachtquartier eingelassen hatte, bedurfte es erst peinlicher Verhandlungen und einer besonderen Reise zum Kaiser nach Prag, um die „Sicherung" der Stadt durch fünf Kompagnieen Kaiserlicher zu verhüten. Schlimmer wurde die Sachlage 1632. Am 21. Juli erschien Pappenheim vor dem Ostenthore und bezog in Hörde sein Quartier, während seine Soldaten in Dortmund Lebensmittel einkauften.[2] Gegen Abend verbreitete sich das Gerücht von einer beabsichtigten Ueberrumpelung der Stadt, man glaubte Laufgräben ausheben zu sehen und schoß thörichter Weise auf die Grabenden. Natürlich eröffnete nun der Feind das Feuer; neun Schüsse bewirkten, daß die Stadt, die einen solchen Gegner noch nicht gesehen, um Einhalt bat. Eine Abordnung am nächsten Morgen erlangte Verzeihung, falls die Stadt auf Gnade oder Ungnade übergeben würde. Dies geschah. Am 23. Juli hielt Pappenheim mit seinen Regimentern durch das Wißstraßenthor seinen Einzug und übernahm das Kommando der Stadt. Als er am 2. August weiterzog, ließ er den General Westerholt mit drei Regimentern in der Stadt zurück, und bis zum 17. Januar 1633 empfand Dortmund den Druck kaiserlicher Besatzung. Die 50 000 Thaler Kriegscontribution wurden nach Pappenheims Tode auf 24 000 Thaler ermäßigt. Schon am 6. Februar erzwang der Landgraf von Hessen mit einem bedeutenden Heere durch Drohungen den Einlaß in die Stadt. Dieser behandelte zwar die Einwohner verhältnißmäßig gnädig, allein er hinterließ eine Besatzung, welche, obwohl mit mehrfachem Wechsel, die Stadt besetzt hielt, bis am 26. September 1636 der kaiserliche General Götze dieselbe zur Uebergabe aufforderte. Als der tapfere hessische Kommandant Ruhmrott sich weigerte, eröffnete Götze eine regelrechte Beschießung, die am Ostenhellweg mehrere[3] Häuser in Asche legte. Erst als nach neuntägiger Beschießung am Schwanenwall Bresche geschossen wurde, entschloß sich Ruhmrott zur Kapitulation und verließ mit fliegenden Fahnen die Stadt, die nun wieder von kaiserlichen Truppen dauernd übernommen wurde. Erst beinahe zwei Jahre nach dem Friedensfeste, einen Monat nach der Nürnberger Friedensproclamation, am 28. Juli 1650, verließ die kaiserliche Garnison die Stadt. Ein neu verordneter Bet- und Danktag feierte alljährlich den Abzug.

Pest, Noth und Elend hatten auch Dortmund während des Krieges heimgesucht, wenngleich in geringerem Maße als andere Städte. Durch die Felder streifte, wie überall damals im deutschen Lande, der hungrige Wolf. Im Juni 1626 scheuchte man durch eine allgemeine Jagd die gefräßigen Unthiere aus den Weiden der Stadt.

[1] Das Folgende im Wesentlichen nach Beurhaus und Niederhoff.
[2] So die von Niederhoff (Fahne IV Seite 115 f.) abweichende Darstellung von Beurhaus (ebendaselbst Seite 345).
[3] Nach Niederhoff waren es 125 (?), nach Beurhaus 3.

Die Ohnmacht des Reiches gegenüber den Anmaßungen Ludwigs XIV. von Frankreich und die dadurch hervorgerufenen Kriege des Großen Kurfürsten schufen für die mitten in die clevisch-märkischen Besitzungen Preußens eingeschlossene Stadt Dortmund eine neue Zeit der Bedrängniß. Schon 1673 besetzten brandenburgische Truppen das Dortmunder Gebiet, und es bedurfte einer Reise des Rathsherrn Dr. jur. Eichen zum Generalmajor Freiherrn von Sparr nach Hamm, um die Zurückziehung der Truppen zu erwirken. 1679 aber begehrte der Marquis de Nesle mit dem Condéschen Regimente Einlaß in die Stadt und beschied, als derselbe verweigert ward, einen städtischen Gesandten vor das Westenthor. Das unerschrockene Auftreten Eichens[1] bewirkte, daß die Stadt diesmal mit einer Geldsumme davonkam. Allein das durch den Frieden von S. Germain arg geschwächte Brandenburg sah sich genöthigt, zur Bestreitung der ihm auferlegten Kosten für die Unterhaltung der französischen Rhein-Armee auch die Cleve Mark benachbarten Gebiete heranzuziehen. Die clevische Regierung verlangte von Dortmund 1679 allein für den Monat August 2000 Thaler Beisteuer und ließ aus den Weiden der Grafschaft mehrere tausend Stück Vieh wegtreiben. Vergebens berief sich Dortmund auf seinen reichsunmittelbaren Stand, vergebens beschwerte es sich beim Kaiser; um der drohenden Execution durch Franzosen zu entgehen, mußte es nicht nur die verlangte Zahlung, sondern auch ähnlich hohe für die nächsten Monate leisten. Eine kaiserliche Ladung der clevischen Regierung vor das Hofgericht fruchtete nichts. Erst 1686 scheint eine Beschwerde der Stadt beim Reichstage in Regensburg, ihre Weigerung, unter diesen Umständen noch zum Türkenkriege beizusteuern, und eine schriftliche Vorstellung Kaiser Leopolds beim Kurfürsten von Brandenburg selber den unberechtigten Forderungen ein Ziel gesetzt zu haben.

Für die Kriege des Reiches zu Beginn des achtzehnten Jahrhunderts mußte auch Dortmund wiederholt sein Kontingent an Reitern und Fußtruppen stellen. Den Rest des Wohlstandes aber vernichtete der siebenjährige Krieg[2] mit seinen endlosen Kontributionen, Einquartierungen und Durchzügen, die auch die Sittlichkeit, die alte Selbständigkeit und das Selbstbewußtsein der Einwohner empfindlich schädigten. Von einer kriegerischen Vertheidigung der Stadt war ja den Großmächten gegenüber nicht mehr die Rede. In Erkenntniß dessen hatte man schon um 1750 begonnen, die Wallgräben einzubauen und als Gartenland zu verkaufen. So war man sowohl Preußen als auch Frankreich gegenüber auf Wohlwollen angewiesen und in einer um so peinlicheren Lage, als man dem kaiserlichen Befehle entsprechend ein Kontingent von 56 Mann zur Reichs-Executionsarmee gegen Preußen hatte stellen müssen. Am 25. April 1757 rückten 4000 Franzosen in Dortmund ein, endlose Einquartierungen folgten, und bis zum Friedensschlusse hörten die Beschwerden des Krieges nicht auf. Schon am Ende des Jahres 1758 berechnete man amtlich den erlittenen Schaden für die Grafschaft auf 35,942 Thaler 56 Stüber 5 Pfennige, für die Stadt auf mehr als 10000 Thaler. 1761 war bisweilen weder Brod noch Bier für Geld zu haben, und noch kurz vor dem Friedensschlusse wurden der Stadt neue 25000 Thaler Kriegscontribution auferlegt.

Die zahllosen gedruckten Rathsverordnungen aus dem achtzehnten Jahrhundert mit ihrem kleinlichen Alltagsinhalt und die versteinerte Regierungsform mit ihrer Scheinwahl und der Lebenslänglichkeit der Mitglieder lassen keinen Zweifel zu, daß, seitdem der deutsche Handel andere Wege gesucht und die Diplomatie der Großstaaten die Macht der Kleinstädte überwunden hatte, die Ver-

---

[1] Näheres, auch über die ferneren Erlebnisse dieses Patrioten, bei Fahne, Dortmund II. 393 und Anmerkung.
[2] Anschauliche Schilderung dieser Zeit bei Heller, An der Heerstraße des siebenjährigen Krieges. Dortmund 1887 (meist nach Benzhaus).

waltung der Stadt ihre Aufgabe mehr in Aeußerlichkeiten und kurzsichtiger Bevormundung der Unterthanen als in weitblickender, nach großen Gesichtspunkten geleiteter Förderung des Gemeinwohles sah. Da sehen wir Ehe- und Hochzeitsordnungen, Rathsstuben-, Wacht- und Zoll-, Gerichts- und Sportel-Ordnungen, Sonntags- und Schulordnungen, Feuer-, Gesinde- und Nachtwächter-Ordnungen, Trau- und Begräbniß-Ordnungen, Kaffee-, Thee- und Hasardspiel-Verbote und dergleichen mehr. Die große Hansestadt war zu einer Kleinstadt geworden und die Einwohnerzahl schon 1750 auf angeblich 4000 herabgesunken.[1] 1793 schätzte Mallinckrodt die Zahl der Häuser auf 800. Bürger und Rathsherren hatten den unabhängigen Gemeinsinn verloren; in den letzten zwanzig Jahren der Selbständigkeit duldete sie schweigend, daß die sechs Rathssuperioren über beliebige Sachen je nach dem Gutdünken des regierenden Bürgermeisters unter sich entschieden.[2] An äußeren Festlichkeiten fehlte es zwar im letzten Jahrhundert nicht. Zu den regelmäßigen Rathswahlfesten und den Einführungsessen kamen noch außerordentliche Dankfeiern, so das Friedensfest 1763 und die großartige Feier des Krönungstages Josephs II. Allein es mangelte überall der lebenskräftige Inhalt. Mit dem Staatengebäude und der Gesellschaft des 18. Jahrhunderts hatte auch die freie Reichsstadt Dortmund an ihrem Theile sich bereits überlebt, als der Reichsdeputations-Hauptschluß sie am 25. Februar 1803 nun wirklich ihrer Selbständigkeit beraubte. Am 2. October 1802 hatte der versammelte Rath im Einverständniß mit der Bürgerschaft, indem er einen friedlichen Entschluß dem Einrücken preußischer Truppen vorzog, die Regierung von Stadt und Grafschaft dem Bevollmächtigten des Erbprinzen von Nassau Dillenburg übergeben.[3] Der neue Herr hielt am 30. Juni 1803 seinen Einzug in Dortmund und verweilte daselbst bis zum 4. August im Hause des Regierungsraths Hiltrop. Im October 1806 jedoch wurde die Stadt von französischen Truppen besetzt, nachdem der Erbprinz als Gegner des Rheinbundes seiner sämmtlichen Besitzungen enthoben war. Am 1. März 1808 wurde Dortmund von Napoleon dem Großherzoge von Berg übergeben und zur Hauptstadt des Ruhrdepartements (Präfekt von Romberg) gemacht. Durch den Wiener Frieden 1815 endlich wurde es mit Preußen vereinigt. Am 31. Mai entsagte der inzwischen König der Niederlande gewordene Erbprinz Wilhelm von Nassau seinen Ansprüchen zu Gunsten von Preußen, und am 18. October 1815 feierte man in Dortmund das Freudenfest der Vereinigung mit dem jugendkräftigen Königreiche der Hohenzollern, unter denen die Stadt seit den fünfziger Jahren durch die Entwicklung der Eisen- und Kohlen-Industrie zur größten Stadt Westfalens herangewachsen ist.

[1] Daß im Mittelalter die Zahl der Einwohner bedeutend größer war, ist zweifellos, doch läßt sich schwer mit bestimmten Zahlen etwas behaupten. Am ehesten sind relative Schätzungen möglich.
[2] Vergleiche aus dieser Zeit: Mallinckrodt, Versuch über die Verfassung der kaiserlichen und des heiligen römischen Reichs freyen Stadt Dortmund. 1795. Derselbe, Magazin von und für Dortmund. Jahrgang I. 1797.
[3] Rathsprotokoll bei Fahne II, 308. Vergleiche Heller, Seite 99 ff.
[4] Siegel der Stadt, Stempel im Besitz des Realgymnasiums, Umschrift: sigillum secretum Tremoniæ (Vergleiche: Westfälische Siegel. II. Heft. 2. Abtheilung. Tafel 4, Nummer 6.)

Denkmäler-Verzeichniß der Stadt Dortmund.

Reinoldikirche,[2] evangelisch, Uebergang.

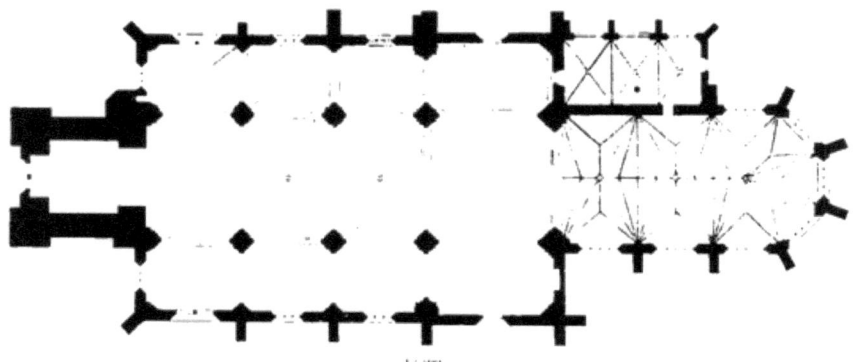

Basilika, dreischiffig, dreijochig, mit Querschiff, spätgothischem, zweijochigem 5 · Chor. Gothische Sakristei auf der Nordseite (Abbildung Tafel 2). Westthurm unter Benutzung alten Mauerwerks zur Renaissancezeit ausgebaut. In neuerer Zeit restaurirt.

[1] R aus einem Graduale der Propsteikirche (siehe unten; 11·11 cm groß.
[2] Lübke, Westfalen, Seite 156 bis 144. — [3] Das Vierungsgewölbe ist nicht vier, sondern achttheilig.

Kreuzgewölbe mit Rippen in den Schiffen, achttheilig in der Vierung. Sterngewölbe im Chor mit reichen Schlußsteinen (Abbildung Tafel 3), die Rippen daselbst als Dienste bis zum Fußboden reichend.

Pfeiler kreuzförmig mit halbrunden Vorlagen und Ecksäulen, letztere sowie Vorlagen mit Blattcapitellen.

Strebepfeiler des Langhauses einfach, die des Chores mit reichen Fialen und Maßwerkschmuck; am Mittelschiff Eisenen.

Unter dem Hauptgesims des Mittelschiffs und der Seitenschiffe Bogenfries.

Je zwei Portale an der Süd- und Nordseite, ein Thurmportal und ein Sakristei eingang.

Fenster des Chores spitzbogig, viertheilig mit reichem Maßwerk und zweifacher Horizontaltheilung; die der Seitenschiffe dreitheilig, einfach; die des Mittelschiffs halbrund, fünftheilig. Im südlichen Querschiff achttheiliges Radfenster und zwei kleine Seitenfenster, im nördlichen ein sechstheiliges Portalfenster. Die Fenster in den Ostwänden des Querschiffs zweitheilig, die der Sakristei dreitheilig, die im Thurm rundbogig in Nischen.

Die unteren Geschosse des Thurmes mit starken Eisenen. Das Obergeschoß achteckig, auf Gewölbezwickeln und auf einer Plattform zurückgesetzt.

2 Nischen in den Ostwänden der Seitenschiffe (vermauerte Eingänge?).

2 Sakraments- beziehungsweise **Reliquienhäuschen**[1], spätgothisch, auf beiden Seiten des Chores, mit reichen Aufbauten und 3 beziehungsweise 4 Oeffnungen; je 2,30 m lang. (Abbildungen Tafel 3.)

Klappaltar[2], spätgothisch, unvollständig, geöffnet 7,40 m lang; Mittelstück geschnitzt mit Kreuzigungsgruppe und 12 Aposteln unter Baldachinen; 2 untere und 2 obere Klappen, einseitig bemalt, erstere mit 16 Darstellungen, je 80·40 cm groß, aus dem Leben Jesu und Mariä, letztere mit Barbara und Katharina. (Abbildungen Tafel 7.)

2 Chorstühle, spätgothisch mit reichen Verdachungen, auf der Nord- und Südseite des Chores, zweireihig, mit je 14 Sitzen in einer Reihe, je 8,00 m lang, 5,00 m hoch, 1,00 m tief. (Abbildungen Tafel 4 und 5.)

Levitenstuhl, von Holz, spätgothisch, reich geschnitzt, an der Südseite des Chores, 3,42 m lang, 3,00 m hoch, 0,65 m tief. (Abbildungen Tafel 8.)

Taufstein[3], gothisch, von Bronze, 1,03 m hoch, 1,14 m oberer Durchmesser, durch 6 Strebepfeiler auf Löwen gestützt, mit 2 auf die Taufe bezugnehmenden Inschriften, in der dritten Inschrift (am Fußende) die Jahreszahl 1469 und der Name des Gießers Johan Winnenbrock. (Abbildung Tafel 9.)

Stehpult[4], gothisch, von Bronze, 1,05 m hoch, mit Adler, durch 5 Strebepfeiler auf Löwen gestützt. (Abbildung Tafel 10.)

Triumphkreuz, spätgothisch, mit den 4 Evangelistenzeichen, im Triumphbogen.

---

[1] Lübke, Westfalen, Seite 303.
[2] Derselbe, Seite 313.
[3] Derselbe, Seite 418.
[4] Katalog der Ausstellung des Alterthumsvereins, Münster, 1879, Nr. 562.

12 Apostelfiguren, spätgotisch, von Stein, auf Wandconsolen unter Baldachinen, im Chor. (Abbildungen Tafel 4 und 5.)

Madonna, spätgotisch, von Stein, auf der Nordseite des Chores, 1,40 m hoch, auf Console, unter Baldachin mit Pelikan. (Abbildungen Tafel 3 und 5.)

Karl der Große und Reinoldus[1], spätgotisch, von Holz, ersterer am südlichen, letzterer am nördlichen Triumphbogenpfeiler, unter hölzernen reichen Baldachinen, auf 1,50 m beziehungsweise 1,40 m hohen Steinpostamenten. (Abbildungen Tafel 6.)

Altarpult, Spätrenaissance, unbedeutend, von Bronze, 45 cm lang, 37 cm hoch, 26 cm breit.

3 Kronleuchter, Renaissance, von Bronze, je 16 armig, einer von 1670.

2 desgleichen, 20 und 6 armig, Spätrenaissance, dem städtischen Museum geliehen.

8 Wandleuchter[2], spätgotisch, von Bronze, 51 cm hoch, bis Oberkante Schale; im Vierpaß mit Blattendigungen Wappen der Stadt (Löwe und Adler). (Abbildung Tafel 10.)

2 Weinkannen, Spätrenaissance (Barock), von Silber, 38 cm hoch. (Abbildung Tafel 11.)

2 Pokale, Renaissance, von Silber, 25 und 33 cm hoch, der eine mit Deckel; Nürnberger Arbeit, dem städtischen Museum geliehen. (Abbildungen Tafel 11.)

Hostienbüchse, gotisch, rund mit Wappen, von Silber, 11/7 cm groß, unbedeutend, mit echten Perlen besetzt.

Glasgemälde der Chorfenster, spätgotisch, meist Reste; das nordöstliche vollständig: oben Anbetung der heiligen 3 Könige, in der Mitte die 4 Evangelisten, unten Augustinus, Ambrosius, Hieronymus und Gregorius. (Abbildung Tafel 6.)

4 Glocken mit Inschriften[3].

1. Zwischen Lilienfriesbändern einzeilige Inschrift:

C ◊ quater ◊ et ◊ mille = tres ◊ lx ◊ iugito ◊ dece = Ju . ppi . laude . nue . pulsemus . sine . fraude . ⸪

Ut ◊ popu[l]⁹ ◊ surgat ◊ studo sua cria purgat — Hinter mille und decem eine Thierfigur; hinter purgat Löwe.

Im Felde 2 Standbilder von Reinoldus. Ueber einem der Bilder:

Johan bunnenbrock goit my

dahinter die Thiergestalt, wie hinter mille.

Ueber dem anderen: S. reinoldus vocor. Henkel strickartig gerippt mit bärtiger Maske. 1,00 m Durchmesser.

2. Unter einem Spitzenbande Kreis von umlaufenden gefüllten Rosetten. Darunter in 1 Zeile:

※ Te Salvatorem laudamus in cymbalis bene sonantibus Anno post christum natum mille simo quingentesimo Ergesimo (!) quarto ⸪ (1554).

darunter Spitzenband mit Perlenfries. Hinter jedem Worte Lilie. Vor Anno außerdem 2 Rosetten; ebenso das glatte Scheibchen am Schluß der Inschrift von je 1 Rosette umgeben. 1,00 m Durchmesser.

3. Unter 3 breiten Ornamentbändern 1 Zeile:

Deo ter optimo maximo sacra anno domini 1710. 1,31 m Durchmesser.

[1] Lübke, Westfalen, Seite 378.
[2] Katalog der Ausstellung des Alterthumsvereins, Münster 1879, Nr. 333.
[3] Nach Aufnahmen von Dr. Röse, veröffentlicht in der Dortmunder Zeitung im Dezember 1889.

4. Unter einem Ornamentband in 5 Zeilen:

Campana haec in honorem dei renovata A: 1776 Svb cura provisorum. J. T. A: Kirchhoff: A. Fischer et J. Rappe.

Vos o cives Tremoniae ad celebrandum publice deum invitans avide auditor ut et vota et suspiria:

Vestra deus iterum exaudiat vos que hic mortales ad altiora tandem evehat gaudia.

Darunter im Felde in rechteckigem ornamentirtem Rahmen die dreizeilige Inschrift:

        Me fuderunt christianus
        et Rötgerus voigt fratres
        duc: cleviae. isselburgenses.

        1,50 m Durchmesser.

[1] Siegel des Katharinenklosters, im Staatsarchiv zu Münster, Kappenberg, Urkunde K. 84, von 1245. Umschrift: Conventus in Tremonia. (Vergleiche: Westfälische Siegel, III. Heft, 4. Abtheilung, Tafel 111, Nummer 6.)

Dortmund

Bau- u. Kunstdenkmäler von Westfalen.

Kreis Dortmund-Stadt.

Reinoldikirche:
1. Nordostansicht; 2. Innenansicht

Dortmund.

Bau- und Kunstdenkmäler von Westfalen. Kreis Dortmund-Stadt.

Reinoldikirche.

1. Sakristei; 2. und 3. Schnitte.

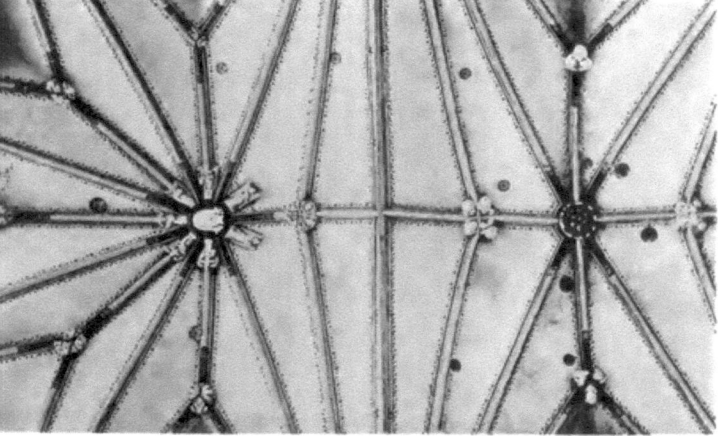

Reinoldikirche:
1. Chorgewölbe; 2. Madonna

Dortmund.

Bau- u. Kunstdenkmäler von Westfalen.

Lichtdruck von Römmler & Jonas, Dresden.

Reinoldikirche: Chor, Details.

Dortmund.

Haus- u. Kunstdenkmäler von Westfalen.   Kreis Dortmund-Stadt.

Dortmund.

Bau- u. Kunstdenkmäler von Westfalen.   Kreis Dortmund-Stadt.

Lichtdruck von Römmler & Jonas, Dresden.   Aufnahme von A. Ludorff. 1890.

Reinoldikirche:
Klappaltar und Detail.

Kreis Dortmund-Stadt

Chor- u. Hauptdenkmäler von Reynalde

Dortmund.

Bau- u. Kunstdenkmäler von Westfalen.   Kreis Dortmund-Stadt.

Reinoldikirche: Taufstein.

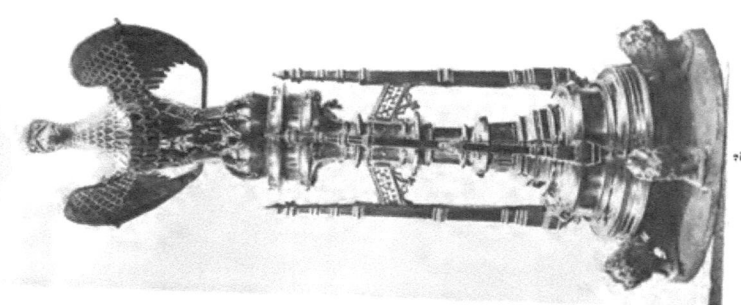

2. Hildesheim um 2. Schmuck c. r.

Reinoldikirche.

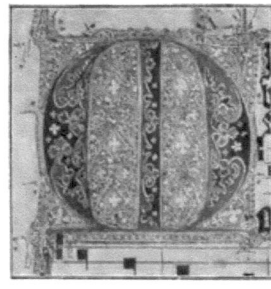

Marienkirche, evangelisch, romanisch.

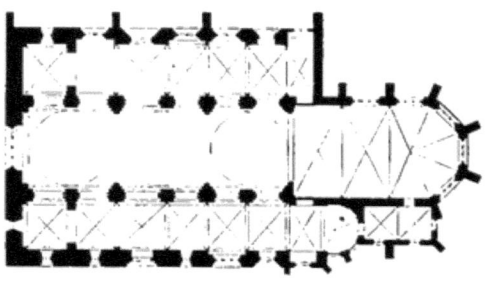

1 : 400

dreischiffige, dreijochige Basilika. Auf den westlichen Seitenschiffsjochen Thürme, der nördliche nicht ausgebaut. Chor gothisch, zweijochig mit ⁵/₈ Schluß.

Die Seitenschiffe durch gothische Anbauten (Kapellen) nach Osten verlängert, der nördliche gerade, der südliche mit 3 Seiten des Achtecks geschlossen. Sakristei auf der Südseite des Chores, zweijochig.

Gewölbe im Mittelschiff Kuppeln, in den Seitenschiffen Kreuzgewölbe, im Chor und den Anbauten desgleichen mit Rippen und Schlußsteinen.

Der Kern der Pfeiler quadratisch, die Hauptpfeiler mit Vorlagen nach dem Mittelschiff. Die spitzbogigen Quergurten des Mittelschiffs auf halbrunden Säulenvorlagen, die der Seitenschiffe auf Säulen und gekuppelten halbrunden Wandvorlagen oder Pfeilern; die rundbogigen Längsgurten auf gekuppelten Säulen, die beiden östlichen auf halbrunden Vorlagen.

¹ M aus einem Graduale der Propsteikirche (siehe unten) 7,5 cm hoch.
² Lübke, Westfalen, Seite 97 bis 100, Tafel VI.

Lübke, Bau- und Kunstdenkmäler von Westfalen, Kreis Dortmund-Stadt.

Kapitelle der Säulen und Vorlagen in den Seitenschiffen mit reichem Blattwerk, einzelne mit Schachbrett und als Würfel, letztere auch im Mittelschiff. Die Rippen des Chores ohne Kapitelle als Dienste fortgesetzt.

Strebepfeiler am nördlichen Seitenschiff spätere Zuthat, die des Chores und der Anbauten schmucklos.

Fenster des Langhauses rundbogig; einzelne gothisch umgebaut, zwei und dreitheilig; das Westfenster viertheilig; die des Chores dreitheilig; die der Anbauten zweitheilig, mit Maßwerk; die des oberen Thurmgeschosses und der vier Thurmgiebel rundbogig mit Mittelsäulchen.

Je 2 Portale an den Seitenschiffen, davon ein südliches romanisch mit Ecksäulen. Ein Sakristeieingang.

2 Nischen in den gothischen Seitenschiffverlängerungen, oberhalb nach dem Chor hin geöffnet; vor der nördlichen unterhalb ein gothisches Maßwerk, 1,33 m weit.

Ausgußnische auf der Nordostseite des Chores mit Maßwerkbekrönung, Oeffnung 40/70 cm groß.

Sakramentshäuschen, spätgothisch, mit 2 unteren und einer oberen Nische, an der Nordseite des Chores, 2,20 m lang, 0,70 m tief; reicher Aufbau, Figurenschmuck nicht mehr vorhanden. (Abbildung Tafel 14.)

Altarmensa, gothisch, von Stein, mit Maßwerkverzierungen auf den vier Seiten, 1,10 m hoch. (Abbildung Tafel 16.)

4 Chorstühle, spätgothisch, je fünfsitzig, je 3,25 m lang, 2,25 m hoch, 0,52 m tief, ohne Verdachungen, 2 einfach und 2 reich geschnitzt; die Verdachungen der letzteren dem städtischen Museum geliehen, 0,42 m hoch. (Abbildungen Tafel 15 und 16.)

Levitenstuhl, spätgothisch, von Holz, verstümmelt, 2,35 m lang, 2,40 m hoch, 0,55 m tief, dem städtischen Museum geliehen. (Abbildungen Tafel 16.)

Orgelgehäuse und Empore[1], spätgothisch, theilweise Renaissance, mit reichgeschnitztem Maßwerk und Ornamentfüllungen, an der Nordwand des Mittelschiffes; die Brüstung 1,12 m hoch. (Abbildung Tafel 14.)

Stehpult, spätgothisch, auf 0,65 m hohem Steinpostament 0,36 m hoher Adler von Bronze. (Abbildung Tafel 15.)

Gott Vater, gothisch, von Holz, 1,00 m hoch, in der Nische des nördlichen Anbaues. (Abbildung Tafel 17.)

Triumphkreuz, spätgothisch, mit den 4 Evangelistenzeichen, Christus 1,20 m hoch, dem städtischen Museum geliehen. (Abbildung Tafel 17.)

Madonna, romanisch, von Holz, 0,91 m hoch, zur Zeit im Sakramentshäuschen; auf der Rückseite Tafelgemälde, 54 cm breit, Joachim und Anna. (Abbildung Tafel 18.)

Madonna, frühgothisch, von Stein, 0,75 m hoch, ebendaselbst. (Abbildung Tafel 18.)

Michael, gothisch, von Holz, 0,45 m hoch, ebendaselbst, unbedeutend.

Altarpult[2], gothisch, von Holz, mit durchbrochen geschnitztem Crucifix und den Evangelistenzeichen. (Abbildung Tafel 15.)

---

[1] von Quast, Skizze in der Zeitschrift für Bauwesen, Jahrgang 1852; Lübke, Westfalen, Seite 401.
[2] Katalog der Ausstellung des Alterthumsvereins, Münster, 1879, Nr. 1922.

Truhe, gothisch, 1,... m lang, 0,... m hoch, 0,44 m tief, einfach, dem städtischen Museum geliehen.
2) Wandleuchter[1], spätgothisch, von Bronze, ohne Wappen im Schild, sonst wie in Reinoldi, Vierpaß 37 cm Durchmesser, einer dem städtischen Museum geliehen.
2 Bronzeplatten eines Grabsteins, gothisch, Vierpaß 47 cm Durchmesser, mit Inschriften und Jahreszahlen. Die eine mit 1504, 1512 (?) und Kreuzigungsgruppe, Geißelung, 4 Evangelistenzeichen und 2 Wappen. (Abbildung Tafel 22.) Die andere mit Kelch und Jahr 1565; beide dem städtischen Museum geliehen.
Kelch mit Patene, gothisch, Silber vergoldet, mit sechstheiligem Knauf, auf dem achtseitigen Fuße eingraviertes Wappen, 19 cm hoch, dem städtischen Museum geliehen. (Abbildung Tafel 22.)
Kelch, gothisch, Silber vergoldet, 16,5 cm hoch, einfach.
Kelch[2], spätgothisch und Renaissance, Silber vergoldet, 23 cm hoch. (Abbildung Tafel 22.)
Weinkanne[3], Renaissance, in der Inschrift Jahreszahl 1590, Silber 21,5 cm hoch. (Abbildung Tafel 22.)
3 Tafelgemälde[4], gothisch, beschnittene Reste eines Klappaltars, im jetzigen Rococo Altaraufsatz, restaurirt, die beiden unteren je 1,05/0,62 m groß, mit Christi Geburt und Anbetung der heiligen 3 Könige, das obere mit Tod Marias. (Abbildungen Tafel 19 und 20.)
3 Klappaltarflügel[5], gothisch, an der Wand des nördlichen Seitenschiffanbaues, je 0,60 m hoch, das Mittelbild, die Kreuzigung darstellend, 0,94 m lang. (Abbildung Tafel 21.) Die seitlichen nach Innen mit Kreuztragung und Kreuzabnahme, nach Außen mit Mariä Verkündigung (Erzengel Gabriel und Maria).
Antipendium, gothisch, Seidengewebe, die 25 cm hohen Reihen mit Mariä Verkündigung (Abbildung Tafel 23), dem städtischen Museum geliehen.
Chormantel, Frührenaissance, gestickte Kappe, 49 cm breit, mit Mariä Verkündigung (Abbildung Tafel 23), dem städtischen Museum geliehen.
Levitenrockstäbe, spätgothisch, gestickt, 20 cm breit, mit Salvator und 4 Aposteln, die Jahreszahl 1645 wohl spätere Zuthat, dem städtischen Museum geliehen. (Abbildung Tafel 24.)
Grabsteinrest, gothisch, Inschrift mit Jahreszahl:
MCCCLXXXVI (1386) und 4 Evangelistenzeichen, im nördlichen Seitenschiffanbau eingemauert.
3 Glocken, neu.

[1] Katalog der Ausstellung des Alterthumsvereins, Münster, 1879, Nr. 1849.
[2] Desgl. Nr. 1854.
[3] Desgl. Nr. 1859.
[4] Lübke, Westfalen, Seite 340.
[5] Desgl. Seite 342.

Dortmund.

Bau- und Kunstdenkmäler von Westfalen.   Kreis Dortmund Stadt.

Lichtdr. von Dr. E. Albert & Co., München.   Nach Aufnahmen von H. Beisner.

Marienkirche.

Dortmund.

Tafel 13.

Bau- u. Kunstdenkmäler von Westfalen. Kreis Dortmund-Stadt.

Marienkirche:
1. Südostansicht; 2. Innenansicht; 3. Südliches Seitenschiff.

Dortmund.

Marienkirche:
1. Orgel; 2. Sakramentshäuschen.

Dortmund.

Bau- u. Kunstdenkmäler von Westfalen.

Kreis Dortmund-Stadt.

1.

2.

Lichtdruck von Römmler & Jonas, Dresden.

Aufnahmen von I. Ludorff, Arnsb.

Marienkirche:
1. Altarpult; 2. Stehpult; 3. Chorgestühl.

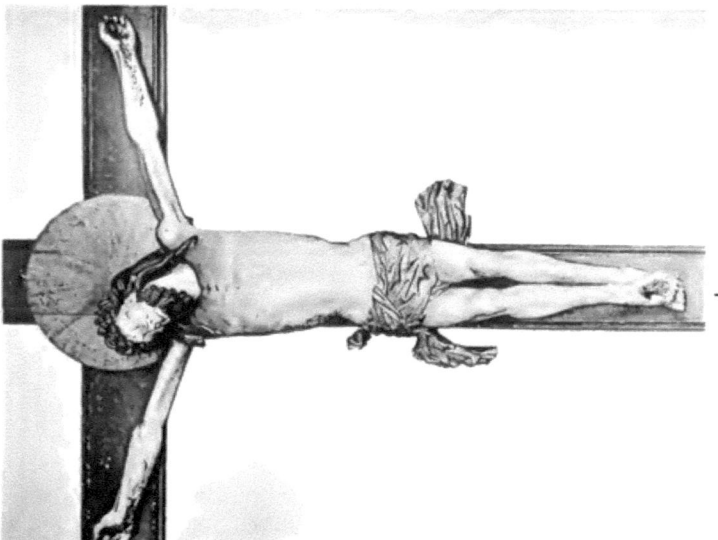

1.

2. Bischofsbaus von H. Eghard, 1650.

Dortmund.

Dortmund.

Marienkirche.
Details des Altarbildes (Tafel 18.)
½ der natürlichen Größe.

Dortmund.

Kreis Dortmund-Stadt

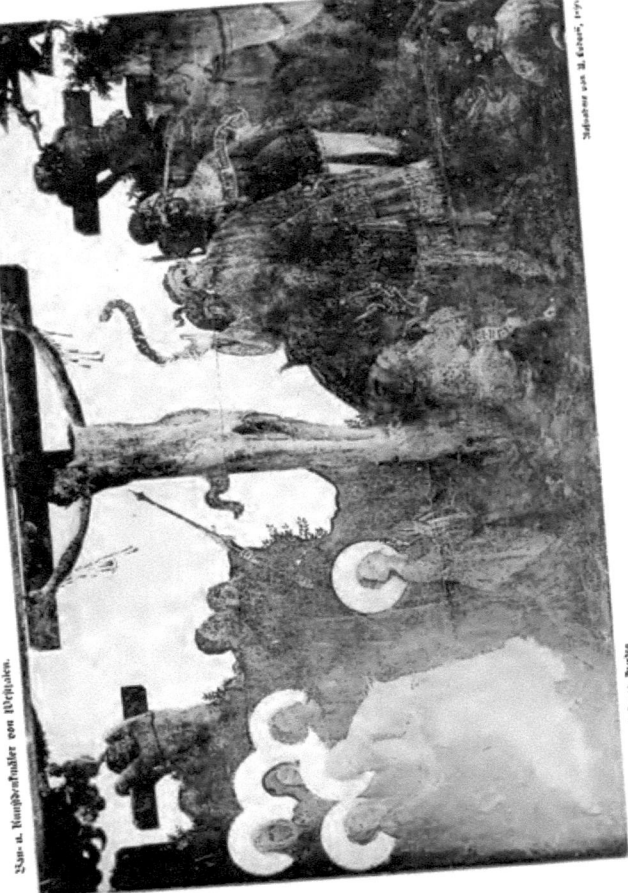

Hans. d. Hauptzentrukler von Westfalen.

Marienkirche: Tafelgemälde.

Dortmund.

Marienkirche:
1. und 2. Kelche; 3. Epitaph-Platte; 4. Weinkanne.

Dortmund.

Bau- u. Kunstdenkmäler von Westfalen.   Kreis Dortmund-Stadt

1.

2.

Lichtdruck von Römmler & Jonas, Dresden.   Aufnahme von A. Ludorff, 1890.

Marienkirche:
1. Chormantel, Detail; 2. Antependium, Detail.

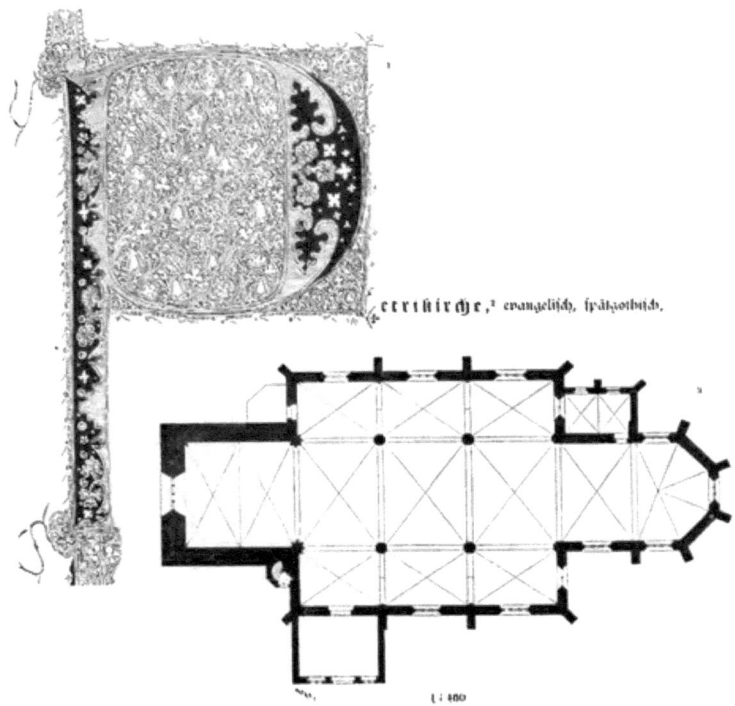

Petrikirche,[2] evangelisch, spätgothisch.

1 : 400

dreischiffige, dreijochige Hallenkirche, Thurm mit zweijochig gewölbter Thurmhalle und südlichem Treppenthürmchen; Chor einjochig, mit ⁵⁄₈ Schluß; Sakristei zweijochig auf der Nordseite; mehrstöckiger Anbau auf der Südseite.

Das Langhaus bis zur Fensterbankhöhe neu errichtet.

Pfeiler achteckig, die Abschlußpfeiler am Thurm und die Eckpfeiler der Thurmhalle mit runden Säulenvorlagen, Wandpfeiler im Schiff mit drei Seiten des Achtecks, Chorwände glatt.

[1] P aus einem Graduale der Propsteikirche (siehe unten) 20 cm hoch.
[2] Lübke, Westfalen, Seite 273.
Das Ostfenster hat kein Maßwerk.

2 Portale im nördlichen Seitenschiff; je ein Eingang im südlichen Anbau, in der Sakristei und im Thurm.

Fenster meist dreitheilig, östliches Chorfenster ohne Theilung, östliche Seitenschifffenster zweitheilig. Die Fenster des südlichen Anbaues, rundbogig geschlossen, zweitheilig, über dem Eingang dreitheilig, mit spätgothischen Blendmaßwerken. Die oberen Thurmfenster dreitheilig mit Maßwerk und horizontal getheilt, unter ungleichmäßigem Bogenfries; im Mittelgeschoß spitzbogige Nischen mit zweitheiligem Blendmaßwerk. Ueber dem Thurmeingang viertheiliges Portalfenster.

Taufstein, gothisch, achteckig, mit Maßwerk und Rippen, 1,25 m hoch, 1,00 m oberer Durchmesser. (Abbildung Tafel 30.)

Klappaltar,[1] spätgothisch, früher in dem Minoritenkloster, mit 2 Paar oberen und unteren Flügeln, aufgeklappt 7,00 m lang. Das Mittelstück und die Innenseiten des inneren Flügelpaares reich geschnitzt mit 30 Darstellungen (21 aus dem Leben Jesu, die gregorianische Messe, Maria und 7 Bilder aus der Geschichte des heiligen Kreuzes). Die Rückseiten der inneren Flügel und beide Seiten der äußeren Flügel bemalt mit 36 Darstellungen aus dem Leben der heiligen Emerentia, Anna, Maria und Jesu und mit 18 auf das heilige Altarsakrament bezüglichen Darstellungen. (Abbildungen Tafel 26, 27, 28 und nachstehend.)

Emerentia.

[1] Heller, Altar der Petrikirche; Lübke, Westfalen, Seite 393 und 394; Beissel, Stimmen aus Maria Laach, 1895, 1. Heft.

Kanzel, Spätrenaissance, mit reich geschnitzten bildlichen Füllungen je 0,5 cm hoch. (Abbildung Tafel 29.)
Triumphkreuz, spätgotisch, mit den 4 Evangelistenzeichen, Christus 1,00 m hoch, dem städtischen Museum geliehen. (Abbildung Tafel 28.)
Petrus und Paulus, spätgotisch, von Holz, 1,50 m hoch, ebenda.
Stehpult, gotisch, von Holz, 1,35 m hoch, ebendaselbst. (Abbildung Tafel 30.)
Thür der Sakristei, gotisch, 1,65 m hoch, 0,95 m breit, ebendaselbst. (Abbildung Tafel 30.)
Kronleuchter, gotisch, von Bronze, mit Maria und reichen Blattverzierungen, 0,95 m hoch, ebendaselbst. (Abbildung Tafel 30.)
Kronleuchter von 1759, mit Inschrift, 12 armig, ebendaselbst.
4 Glocken mit Inschriften.[1]

   1. Strickartig gerippte Henkel.

                             Maria vocor ✱

     Dum trahor audite + voco vos ad gaudia vite ☉ defunctos plango + vivas voco + fulgura ☉ frango. ihĝūs Anno d. m c c c c x c vii ipso die sci luce + (= 18. October 1497).

     Hinter fulgura Medaille mit der Umschrift (Chi i) bivici patgeiter. 1,12 m Durchmesser.

   2. Henkel mit Löwenmasken. Am oberen Rande 2 Blätter.

     + Ad laudem Domini me Christi ecclesia fecit ergo pii laudes me resonante canunt Claudi Lamiralle Antonius Paris me fecit. Anno Domini 1639.

     1,22 m Durchmesser.

   3. Wie zu 2.

     + Quod tuba in antiquo hoc ego praesto in foedere Christi.

     Inde dei laudes turba petrina canit M. Reinol Scher Pastor Petri Jo Niederhof Sacel Hen. Placs. Hil. Leonart. Jo. Romberch Provisores. Anno 1639.

     1,0 m Durchmesser.

   4. Gott allein die Ehre.

     ~ Wann ich euch ruffe kompt geschickt zum Gotteshaus So fuhr ich seelig euch ~ Zum Grab der Welt hinaus. ~

     ~ Joh. Georch Joch SS Th D superint et Gymnasiarcha. Anno 1710.

     M. Jo. Caspar Brugman Pastor S Petri Jo. Henr. Beurhusius Ecclesiast S Petri Johan Caspar Hiltrop Johan Berckhof Johan Henrich Balthasar Provisores.

     1,03 m Durchmesser.

---

[1] Nach Aufnahmen von Dr. Röse, veröffentlicht in der Dortmunder Zeitung im Dezember 1889.

Dortmund.

Kreis Dortmund-Stadt.

Bau- u. Kunstdenkmäler von Westfalen.

Bau- u. Kunstdenkmäler von Westfalen. Kreis Dortmund-Stadt.

Dortmund.

Dortmund.

Bau- u. Kunstdenkmäler von Westfalen.   Kreis Dortmund-Stadt.

1.

2.

Lichtdruck von Römmler & Jonas, Dresden.   Aufnahmen von B. Coborg, 1890.

Petrikirche:
1. Triumphkreuz; 2. Klappaltar, Detail.

Dortmund.

Bau- u. Kunstdenkmäler von Westfalen. Kreis Dortmund-Stadt.

Dortmund.

Bau- und Kunstdenkmäler von Westfalen.　　　　　Kreis Dortmund-Stadt.

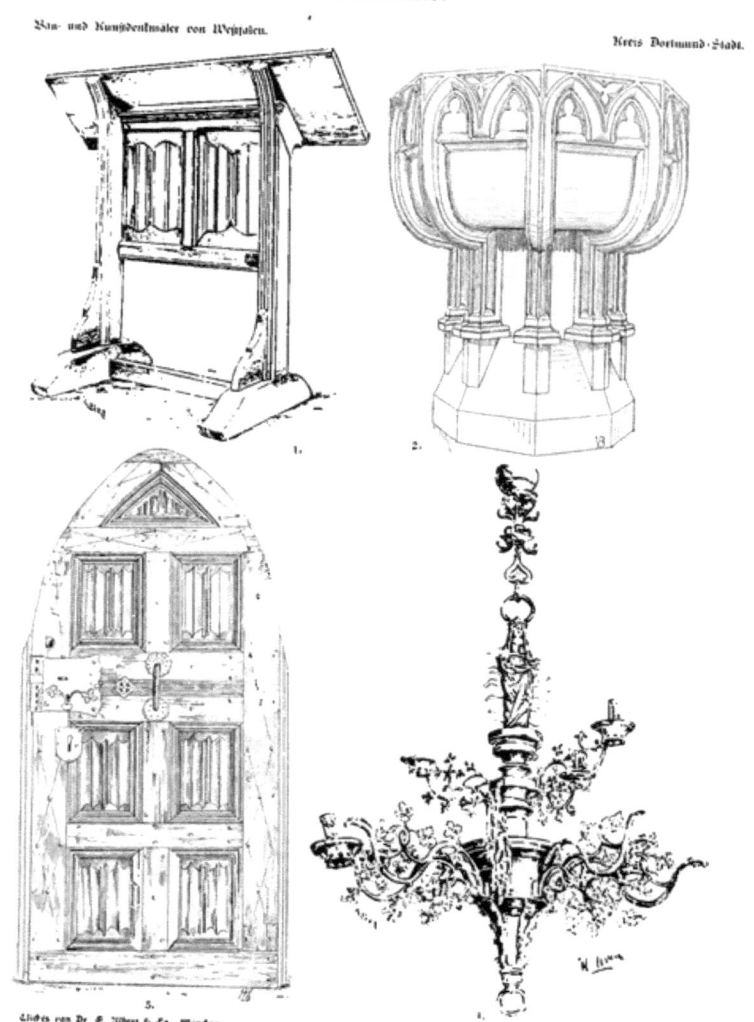

Petrikirche:
1. Stehpult; 2. Taufstein; 3. Sakristeitür; 4. Kronleuchter.

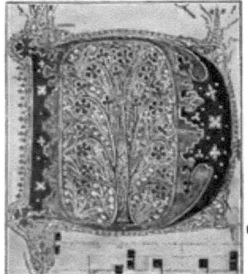

ominikaner oder Propsteikirche, katholisch, gothisch.

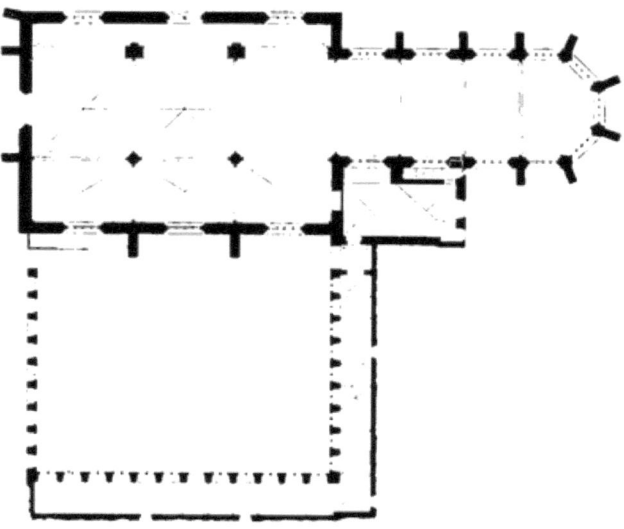

dreischiffige, dreijochige Hallenkirche mit dreijochigem Chor und zweijochiger Sakristei in zwei Geschossen.

D aus einem Graduale der Propsteikirche (siehe unten).
Lübke, Westfalen, Seite 286, Tafel XXIV.

Kreuzgang auf der Südseite.

Das nördliche Seitenschiff sehr schmal mit Tonnengewölbe. Im Mittelschiff Sterngewölbe; im südlichen Seitenschiff, Chor und Sakristei Kreuzgewölbe mit Rippen und Schlusssteinen.

Pfeiler nach Norden rechteckig mit Pfeilervorlagen im Seitenschiff, mit runden Diensten im Mittelschiff. Nach Süden Säulen mit je 4 runden Diensten, ebendaselbst sowie im Chor runde Wanddienste. Strebepfeiler schmucklos.

Je ein Portal auf der Nord- und Westseite mit Mittelpfosten; ein Eingang zur Sakristei.

Fenster viertheilig mit Maßwerk, das Ostfenster des südlichen Seitenschiffs dreitheilig, vermauert. Unter letzterem Nische 2,15 m hoch, 1,05 m breit, mit reicher Verdachung. (Abbildung Tafel 35.)

Ausgussnische, gerade geschlossen, 2,15 m hoch, 1,05 m breit.

Sakramentshäuschen als Nische mit Maßwerkbekrönung, in der Nordwestwand des Chores 0,70/0,85 m gross.

Ost- und Südflügel des Kreuzgangs im Anschluss an das Klostergebäude, die Westseite als Ruine erhalten. Kreuzgewölbe auf Consolen. Zweitheilige, verglaste Oeffnungen mit Maßwerk. (Abbildungen Tafel 32 und 33.)

Sakramentshäuschen, spätgothisch, an der Nordwand des Chores; der Mitteltheil, aus 5 Seiten des Achtecks, auf 4 Löwen ruhend, mit achtseitigem reichen Aufbau und 5 Oeffnungen; die Seitentheile mit je einer Oeffnung. Der Unterbau 1,30 m hoch. (Abbildungen Tafel 34 und 35.)

Relief, gothisch (italienisch) von Alabaster, 30 cm hoch, von Engeln getragener Johanneskopf unter Baldachin; über dem Sakristeieingang. (Abbildung Tafel 34.)

Madonna, frühgothisch, von Stein, jetzt restaurirt, am Pfarrhause der neuen Liebfrauenkirche. (Abbildung Tafel 36.)

¹ I aus einem Graduale der Propsteikirche (siehe unten), 16 cm hoch.
² Nach Lübke, Westfalen, Tafel XVIII. 1 : 100.

Madonna, spätgotisch, von Stein, 1,.. m hoch, dem städtischen Museum geliehen. (Abbildung Tafel 56.)

Madonna, gotisch, von Stein, am südöstlichen Pfeiler, 1,.. m hoch (Abbildung Tafel 57.)

3 Dominikaner, gotisch, von Holz; einer derselben am Pult sitzend, 1,.. m hoch. (Abbildung Tafel 57.) Dem städtischen Museum geliehen.

Maria und Johannes, gotisch, von Holz, 1,.. m hoch, unbedeutend, dem städtischen Museum geliehen.

Thür,[2] gotisch, Rest, quadratische Füllungen in kreisförmig verzierten Rahmhölzern, 27 cm von Mitte zu Mitte Füllung, dem städtischen Museum geliehen. (Abbildung Tafel 55.)

Platte, spätgotisch, von Bronze, 77/48 cm groß, mit eine Stiftung betreffender Inschrift, Jahreszahl 1474 und 2 Wappen. Dem städtischen Museum geliehen. (Abbildung nachstehend.)

[1] Stabverzierung eines D aus einem Graduale der Propsteikirche (siehe unten). Gesamthöhe 52 cm.

[2] Vergleiche: Ludorff, Bau- und Kunstdenkmäler von Westfalen, Kreis Lüdinghausen, Seite 111, sowie unten: Städtischer Besitz.

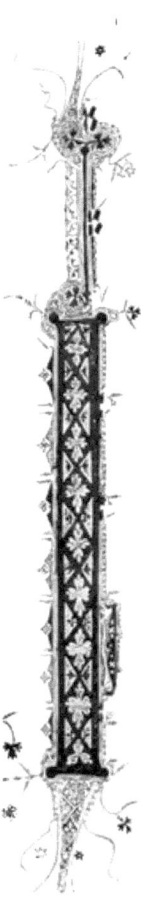

Kronleuchter,[1] spätgothisch, sechseckig, von Eisen, 1,₄₀ m hoch, mit Doppelmadonna von Holz. Die in Frührenaissance reichverzierten Gehänge dem städtischen Museum geliehen. (Abbildungen Tafel 38.)

Kronleuchter,[2] gothisch, von Bronze, 10 armig, mit Engel und reicher Blätterverzierung 0,₈₀ m hoch. (Abbildung Tafel 38.)

Gewölbemalerei, gothisch, Pflanzenornamente, theilweise restaurirt. (Abbildung Tafel 45.)

Tafelgemälde[3] des Klappaltars, spätgothisch; das Mittelbild 2,₀₀ m hoch mit der Kreuzigung; die Innenseite des linken Flügels, 1,₀₀ m breit, mit der heiligen Sippe, die des rechten Flügels mit der Anbetung der heiligen drei Könige. Auf den Außenseiten der Flügel Christus mit dem Donator und 7 Heilige; von den Brüdern Viktor und Heinrich Dünwegge[4] gemalt. (Abbildungen Tafel 39 und 40.)

2 Tafelgemälde[5] an der Nord- und Südwand des Chores, gothisch, 1,₀₅ m hoch, 0,₆₅ m breit, Flügel eines Klappaltars mit je 2 Darstellungen, der eine mit der Geburt Christi und der heiligen Sippe, der andere mit dem Tod Mariä und dem Stammbaum Christi. (Abbildungen Tafel 41 und 42.)

Kaselkreuz, spätgothisch, gestickt, mit Kreuzigungsgruppe und Agatha, 18 cm breit; Kaselstab mit Jakobus und Anderen. (Abbildungen Tafel 44 und 45.)

Kaselkreuz, spätgothisch, gestickt, Kreuzigungsgruppe mit Gott Vater, Maria, Johannes, Magdalena und der Geißelung, 18 cm breit; Kaselstab mit Selbdritt und Anderen. (Abbildung Tafel 44 und 45.)

Kaselkreuz, Renaissance von 1695, Seide gestickt, mit Madonna und Ornamenten, 16,₅ cm breit. (Abbildung Tafel 45.)

2 Levitenrockstäbe, spätgothisch, gestickt, 10 cm breit, mit 24 Figuren und 2 Zwischenstücken, 15/21 cm groß, mit Dreifaltigkeit und mit Madonna nebst Kind und einer Heiligen. (Abbildung Tafel 46.)

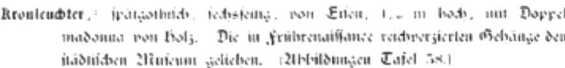

---

[1] 3 aus einem Graduale der Propsteikirche (siehe unten), 20 cm hoch.
[2] Katalog der Ausstellung des Alterthumsvereins, Münster, 1879, Nr. 517.
[3] Desgleichen Nr. 512; vergleiche oben Marienkirche.
[4] Lübke, Westfalen, Seite 360.
  Vergleiche: Germanisches Museum zu Nürnberg, Katalog 37; Clemen, Die Kunstdenkmäler der Rheinprovinz, Kreis Xanten, Seite 111.
[5] Katalog der Ausstellung des Alterthumsvereins, Münster, 1879, Nr. 1484.

45

Graduale, gotisch, Pergament, Blatt 55 cm hoch, geschrieben im Kloster Lünen, mit vielen farbigen Initialen, dem städtischen Museum geliehen. (Abbildungen Tafel 47, in den Ueberschriften, Randverzierungen und vorstehend.)

Glocken in Dachreiter neu.

Siegel des ehemaligen Katharinenklosters, im Staatsarchiv zu Münster, Dortmund Katharina, Urkunde 105, von 1345. Umschrift: S(igillum) conv(ent)us s(an)c(t)e Katerine de Cremonia. (Vergleiche: Westfälische Siegel, III. Heft, 1. Abtheilung, Tafel 111, Nummer 9.)

Siegel des ehemaligen Minoritenklosters, im Stadtarchiv zu Dortmund, Urkunde 255 von 1288. Umschrift S(igillum) fr(atru)m Minorum in Tremonia. (Vergleiche: Westfälische Siegel, III. Heft, 1. Abtheilung, Tafel 120 Nummer 11.)

1.
Lichtdruck von Römmler & Jonas, Dresden

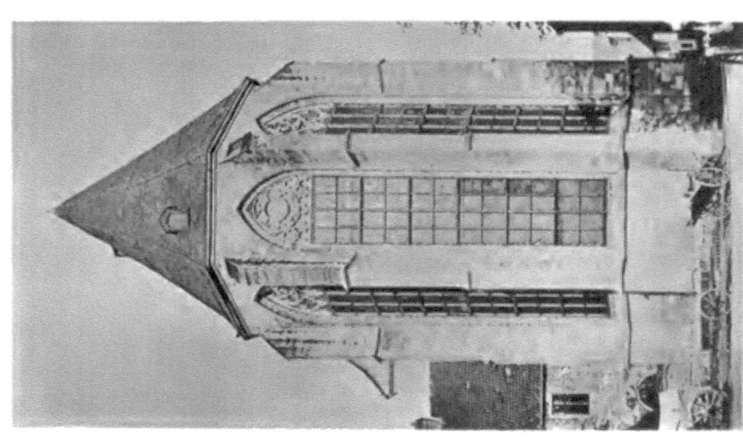

2.
Aufnahmen von R. Geyer, 1890.

Dortmund.

Bau- u. Kunstdenkmäler von Westfalen. Kreis Dortmund-Stadt.

1.

Lichtdruck von Römmler & Jonas, Dresden. 2. Aufnahme von B. Ludorff, 1890.

Propsteikirche:
1. Südwestansicht; 2. Kreuzgang

Dortmund.

Bau- und Kunstdenkmäler von Westfalen. Kreis Dortmund-Stadt.

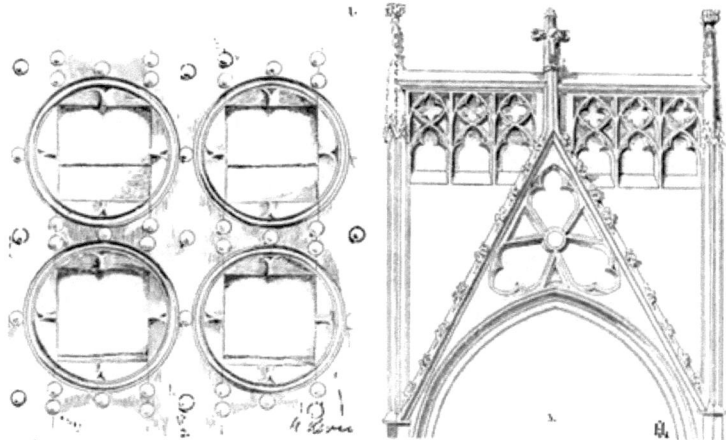

Propsteikirche:

1. Kreuzgang; 2. Thür-Detail; 3. Nischenbekrönung.

Tafel 34.

Dortmund.

Bau- u. Kunstdenkmäler von Westfalen.   Kreis Dortmund-Stadt.

1.
Lichtdruck von Römmler & Jonas, Dresden.

2.
Aufnahme von R. Ludorff, 1890.

Propsteikirche:
1. Sakramentshäuschen; 2. Johanniskopf.

Dortmund.

Bau- u. Kunstdenkmäler von Westfalen. Kreis Dortmund-Stadt.

Lichtdruck von Römmler & Jonas, Dresden. Aufnahmen von C. Schorff, 1893.

Dortmund.

Propsteikirche:
1. Madonna; 2. Dominikaner.

Dortmund.

Bau- und Kunstdenkmäler von Westfalen. Kreis Dortmund-Stadt.

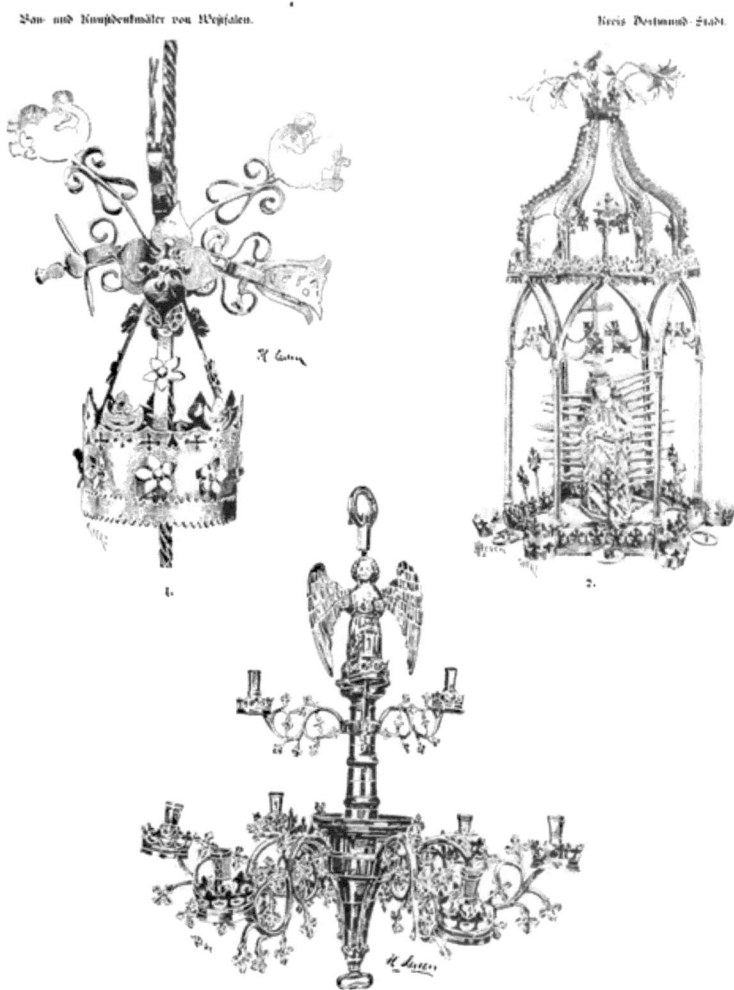

Clichés von Dr. E. Albert & Co., München. Normalaufn. von R. Colbus 1894.

Propsteikirche:

Dortmund.

Bau- u. Kunstdenkmäler von Westfalen. Kreis Dortmund-Stadt

Propsteikirche: Altargemälde

Tafel 40

Dortmund.

Bau- u. Kunstdenkmäler von Westfalen.   Kreis Dortmund-Stadt.

Lichtdruck von Römmler & Jonas, Dresden   Aufnahme von R. Cudorff, 1892

Propsteikirche: Altargemälde.

Dortmund.

Bau- u. Kunstdenkmäler von Westfalen.   Kreis Dortmund-Stadt.

Lichtdruck von Römmler & Jonas, Dresden.   Aufnahme von Westphanswerke, Münster.

Propsteikirche: Tafelgemälde.

Dortmund.

Bau- u Kunstdenkmäler von Westfalen. Kreis Dortmund-Stadt.

Lichtdruck von Römmler & Jonas, Dresden. Aufnahme vom Alterthumsverein, Münster.

Propsteikirche: Tafelgemälde.

Tafel 45.

Dortmund.

Bau- u. Kunstdenkmäler von Westfalen Kreis Dortmund-Stadt.

1.
Lichtdruck von Römmler & Jonas, Dresden.

2.
Aufnahmen von B. Cohen, 1890.

Propsteikirche:
1. Hasekreuz, Detail; 2. Chorgewölbe, Detail.

Dortmund.

Bau- u. Kunstdenkmäler von Westfalen.   Kreis Dortmund-Stadt.

Propsteikirche: Kaselkreuze.

Dortmund.

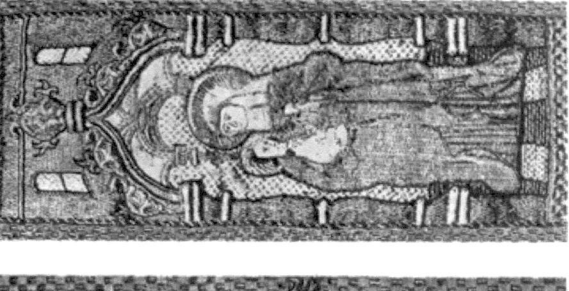

Kreis Dortmund-Stadt

Propsteikirche: Kasel, Details.

Bau- u. Kunstdenkmäler von Westfalen. **Dortmund.** Kreis Dortmund-Stadt.

Tafel 46

Propsteikirche: Levitenrock, Details.

Dortmund.

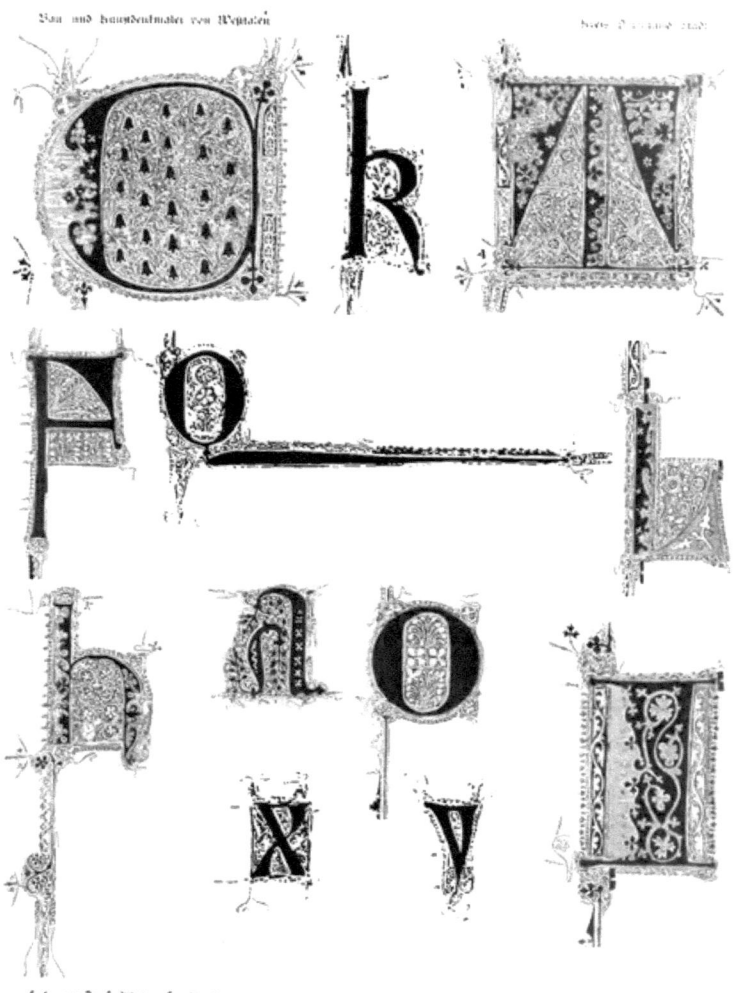

Propfteikirche

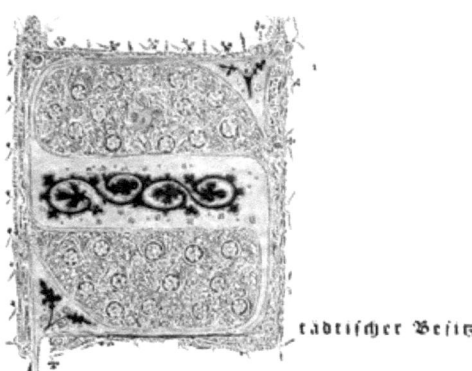

städtischer Besitz.

Rathhaus.² Uebergang.

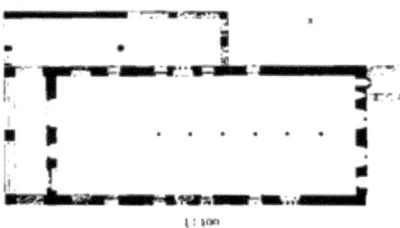

1 : 100

stark verwittert und unbenutzt. Treppengiebel und Fenster theilweise zur gothischen und Renaissancezeit umgebaut. An der Nordseite zweitheilige Vorhalle mit spitzbogigen Blendbögen über rundbogigen Oeffnungen. Im Hauptgeschoß daselbst gerade geschlossene Fenster mit gothischem Maßwerk. Giebelfenster mit seitlichen gleichgroßen Nischen, spitzbogig mit Maßwerk und 2 Theilungssäulchen unter kleeblattförmigem Blendbogenschluß. Dreitheilige, spitzbogige Fenster unter rundbogigen Blendbogen mit Zwischensäulchen und romanischen Kapitellen, auf den Seitenfronten und unter der Halle.⁴ In dem vielfach umgebauten Innern gothische Holzdecken auf Ständern; Stuckarbeiten und Wandgemälde, Renaissance. (Abbildungen Tafel 48, 49, 50 und 51.)

¹ S aus einem Graduale der Propsteikirche (siehe oben) 10·11 cm groß.
² Lübke, Westfalen, Seite 341.
³ Nach Aufnahme von E. Otte.
⁴ Auf Veranlassung der städtischen Verwaltung durch Regierungsbaumeister E. Otte in neuester Zeit bloßgelegt.

Stadtwaage, frühgotisch, in Verbindung mit dem Rathhaus später umgebaut, über den Eingängen Blendarkaden mit Maßwerk. Im Innern ein Steinpfeiler und Wandconsolen. Stuckarbeiten Renaissance. Obere Füllung einer rundbogigen Thür, Renaissance, geschnitzt, mit Stadtwappen, 62:52 cm groß, jetzt im städtischen Museum. (Abbildungen Tafel 48 und 52.)

Kreuz, gothisch, von Holz, auf dem Westen Kirchhof, früher Triumphkreuz der Propsteikirche, Christus 1,25 m hoch, darüber Tafel mit Inschrift: Nazareth . . . . . exomo . . . . Jesus Nazarenus rex judaorum. (Abbildung Tafel 55.)

Taufstein, Uebergang, Rest, rund, auf 6 Säulenkapitellen Kleeblattbogen, mit reichen romanischen Ornamenten, oberer Durchmesser außen 1,20 m, innen 0,85 m, im Kaiser Wilhelm Hain, früher in der Marienkirche (?). (Abbildung Tafel 55.)

Thür, gothisch, 24 cm von Mitte zu Mitte Füllung, sonst wie in der Propsteikirche, früher Gerberstraße, jetzt im städtischen Museum. (Abbildung Tafel 52.)

Kasten[1], spätgothisch, mit Kerbschnitzerei, 58 cm lang, 28 cm breit, 14 cm hoch, im städtischen Museum. (Abbildung Tafel 52 und 54.)

Mappe[2], Frührenaissance, Leder, gepreßt, mit Reinolduskopf und Dortmunder Adler, 28:22 cm groß, im städtischen Museum. (Abbildung Tafel 54.)

Schlußstein, gothisch, vom ehemaligen Franziskanerkloster, 48 cm Durchmesser, mit Apostelfigur, im städtischen Museum. (Abbildung Tafel 55.)

Vehmplatz, Steinsitze, Tisch 1,00:0,72 m groß mit Adler, jetzige Linde aus der Wurzel der alten; am Haupt Bahnhof.

Steinenthurm, spätgothisch, Warte mit Schießscharten, zum Aussichtsthurm ausgebaut, an der Straße nach Hörde. (Abbildung Tafel 55.)

Städtisches Museum, nach historischen und kunstgewerblichen Abtheilungen geordnet, reiche Sammlungen von Urkunden, Münzen, Gegenständen der Kleinkunst, Skulptur u. s. w. darunter:

Goldene Bulle, 1236, mit Namensmonogramm und Siegel Kaiser Friedrichs II. (Abbildungen nachstehend.)

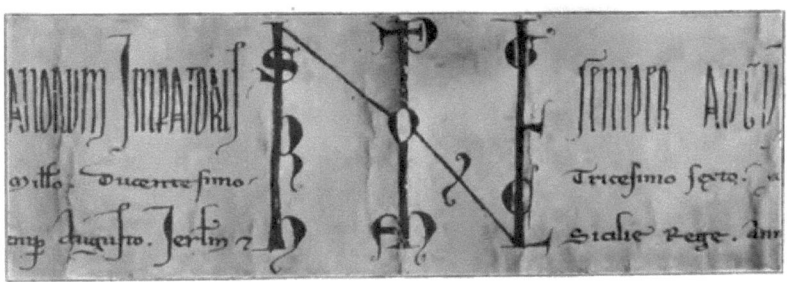

[1] Katalog der Ausstellung des Alterthumsvereins, Münster 1879, Nr. 1928.
[2] Desgl. Nr. 1956.

Goldenes Siegel der Bulle Friedrichs II.

Siegel der Stadt, im Stadtarchiv zu Dortmund, Urkunde 49, von 1284. Umschrift: Sigillum Tremonie civitatis Westfalie.
(Vergleiche: Westfälische Siegel, II. Heft, 2. Abtheilung, Tafel 16, Nummer 2.)

Dortmund.

Bau- u. Kunstdenkmäler von Westfalen. Kreis Dortmund-Stadt.

Lichtdruck von Römmler & Jonas, Dresden. Aufnahme von C. Bauman, Dortmund.

Rathhaus und Stadtwaage.

Dortmund.

Bau- u. Kunstdenkmäler von Westfalen.
Kreis Dortmund-Stadt

Lichtdruck von Römmler & Jonas, Dresden.
Aufnahmen von R. Ludorff.

Dortmund.

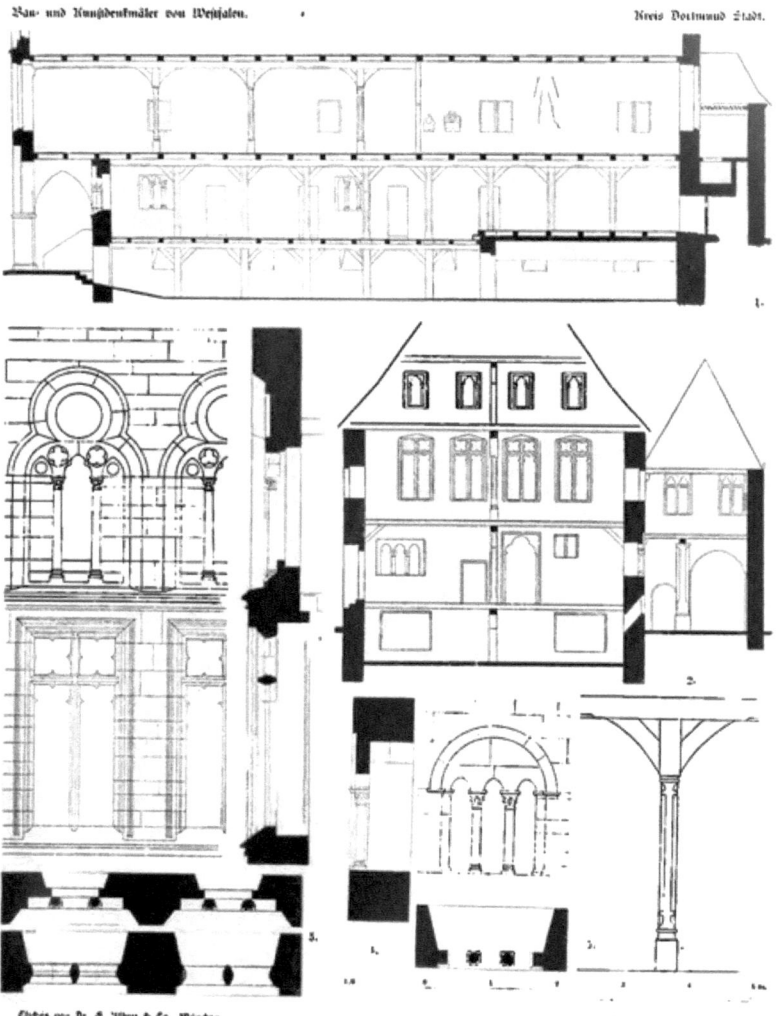

Rathhaus:

Dortmund.

Bau- und Kunstdenkmäler von Westfalen. Kreis Dortmund Stadt.

1. Thürfüllung; 2. Console; 3. Pfeiler; 4. Thürdetail; 5. Kasten.

Dortmund.

Bau- u. Kunstdenkmäler von Westfalen. Kreis Dortmund-Stadt.

1.

2.

Lichtdruck von Römmler & Jonas, Dresden. Aufnahmen von J. Lobers, 1890.

1. Kirchhofs-Kreuz; 2. Taufstein.

Dortmund.

Dortmund.

Bau- und Kunstdenkmäler von Westfalen. Kreis Dortmund-Stadt.

Cliches von Dr. E. Albert & Co., München. Aufnahmen von A. Ludorff, 1890.

1. Steinenthurm; 2. Schlußstein; 3. Haus Rosenthal Nr. 4, Details.

Bau- u. Kunstdenkmäler von Westfalen.

Kreis Dortmund-Stadt.

Dortmund.

Haus Wißstraße Nr. 1. Giebel und Detail

Privatbesitz.

Haus Rosenthal 4, spätgotisch, mit Jahreszahl 1559 und Steinmetzeichen, 9 cm hoch. (Abbildungen Tafel 55.) Besitzer Rüffer.

Haus „zum Drachen", Silberstraße 8, Renaissance mit Inschriften und Jahreszahl: 1. untere Inschrift: Dis Haus steht in Gotes handt. Got beware es fur feur und Brandt. zum Drachen wirdt es genandt. Anno 1658. 2. Inschrift im Giebel siehe umstehend. Fachwerk mit geschnitzten Balken. (Abbildung unten.) Besitzer Reggemann.

Haus Ostenhellweg 5, Renaissance mit Jahreszahl 1607, Ziegelbau mit Eckquadern und Steingesimsen, über den Fenstern Entlastungsbogen mit Quadern, Portal mit Säulen; verzierter Giebel, Erkeranbau (Abbildung Tafel 56.) Besitzer Stoffregen.

Haus Ostenhellweg 1½, wie vor: Inschrift des Portals Pax sit huic domui et cunctis habitantibus illam 1619. Besitzer herbrecht.

Haus Witzstraße 1, Frührenaissance, Fachwerk, vorgekragter Giebel, mit verzierten, glasirten Ziegeln, abwechselnde Schichten mit Ornamenten, grün glasirt, 15 cm hoch, mit Rautenmusterung, roth glasirt, 3,5 cm hoch und mit Medaillons (männlicher und weiblicher Kopf), grün glasirt, 15 cm hoch. (Abbildungen Tafel 57.) Besitzer Nordhaus.

Truhe, Renaissance, 2,00 m lang, 1,00 m hoch, 0,70 m breit, dem städtischen Museum geliehen. Besitzer Wolters, Kampstraße.

Es wird kein Werk so wol gemacht
es kompt ein unflat der es verachtet/ MIH/ BSK.

Inhalts-Verzeichniß.

	Seite	Tafel
Westfalen	I—II	I
Kreises Dortmund-Stadt		II
Stadt Dortmund (Altstadt)		III
von 1611		IV
der Stadt Dortmund	1—28	

Denkmäler-Verzeichniß:	Seite	Tafel
Oeffentlicher Besitz:		
Reinoldikirche	29—32	1—11
Marienkirche	33—35	12—24
Petrikirche	37—39	25—30
Dominikaner oder Propsteikirche	41—45	31—47
Städtischer Besitz	47—49	48—53
Privat-Besitz	51—52	53—57

Alphabetisches Sachregister der Denkmaler-Verzeichnisse.

Bezeichnung	Ort, Eigenthümer ꝛc.	Seite	Tafel	Bezeichnung	Ort, Eigenthümer ꝛc.	Seite	Tafel
	Reinoldikirche	30	7	Gebäude, verschiedene	Rathhaus	47	48—51
	Marien	34	16		Waage	48	48, 52
	Petri	38	26—28		Rosenthal 3	51	53
					zum Drachen	51	—
	Stadt	5	—		Ostenhellweg 5	51	56
					13	51	56
	Stadt	48	51		Wißstraße 1	51	57
	Stadt	48	53	Glasgemälde	Reinoldikirche	31	6
				Glocken	Reinoldikirche	31	—
					Petri	39	—
				Inschriften, in Stein u. Metall	Propsteikirche	45	—
	Reinoldikirche	30	1, 3	Kanzel	Petrikirche	39	29
	Marien	30	4				
		34	15, 16				
	Reinoldikirche	30	3	Kapitelle, Consolen	Rathhaus	42	50
	Propstei	42	43		Waage	48	52
	Marienkirche	33	22	Kelche, Ciborien, Hostienbüchsen	Reinoldikirche	31	—
		33	24		Marien	33	22
						33	

Bezeichnung	Ort, Eigenthümer ꝛc.	Seite	Tafel	Bezeichnung	Ort, Eigenthümer ꝛc.	Seite	Tafel
Kirchen, Kapellen	Reinoldikirche	29	1, 2	Portale, Thore, Thüren, Thürgriffe, Zugbrücken	Petrikirche	38	30
	Marien "	33	12, 13		Propsteikirche	43	3.
	Petri "	37	23		Stadt	48	52
	Propstei "	41	31—33				
Kreuze	Reinoldikirche	30	—	Pulte, Altarpult, Stehpult	Reinoldikirche	31	10
	Marien "	34	17		Marien "	34	—
	Petri "	39	28		" "	35	15
	Stadt	48	53		Petri "	39	30
Leuchter, Laternen	Reinoldikirche	31	—	Reliefs, verschiedene, in Thon, Stein, Holz, Elfenbein	Propsteikirche	43	—
	" "	31	10		Stadt	48	—
	Marien "	35	—				
	Petri "	39	30				
	" "	39	—				
	Propstei "	44	38				
Madonnen, Doppelmadonna, Pieta	Reinoldikirche	31	3, 5	Sakramentshäuschen, Heiligthumsnischen, Nischen	Reinoldikirche	31	5
	Marien "	34	18		Marien "	34	—
	Propstei "	42	36		" "	35	14
	" "	43	37		Propstei "	44	—
	" "	43	38				
Malerei, Tafelgemälde	Marienkirche	34	18	Schränke, Füllungen, Truhen, Gehäuse, Kasten	Marienkirche	35	—
	"	35	19, 20		Stadt	48	52, 54
	"	35	21		Wolters	5	—
	Petri "	38	27				
	Propstei "	44	43	Siegel, Stempel	Stadt	2	—
	" "	44	39, 40		"	2	—
	" "	44	41, 42		"	48	—
	" "	44	45		"	4	—
					Katharinenkloster	52	—
Manuskripte, Initialen, Miniaturen, Chorbücher	Propsteikirche	1	—		Minoritenkloster	4	—
	"	2)	—				
	"	35	—	Statuen, verschiedene, von Holz, Stein ꝛc. (Christus, Heilige, Donatoren, Selbdritt, Sphynx, Löwen)	Reinoldikirche	31	4, 5
	"	37	—		" "	31	7
	"	41	—		Marien "	34	1
	"	42	—		" "	34	—
	"	43	—		Petri "	39	—
	"	44	—		Propstei "	43	37
	"	45	47		" "	43	—
	"	47	—				
	Stadt	48	—	Stickerei und Gewebe, (Schleier, Hungertuch, Kasel Antipendium)	Marienkirche	35	25
Orgel	Marienkirche	34	14		"	35	24
					Propstei "	44	44, 45
					" "	44	45
					" "	44	46
Pokale, Krüge, Kannen	Reinoldikirche	31	11	Taufsteine	Reinoldikirche	30	3
	Marien "	35	22		Petri "	38	30
					Stadt	48	37